阅读成就思想……

Read to Achieve

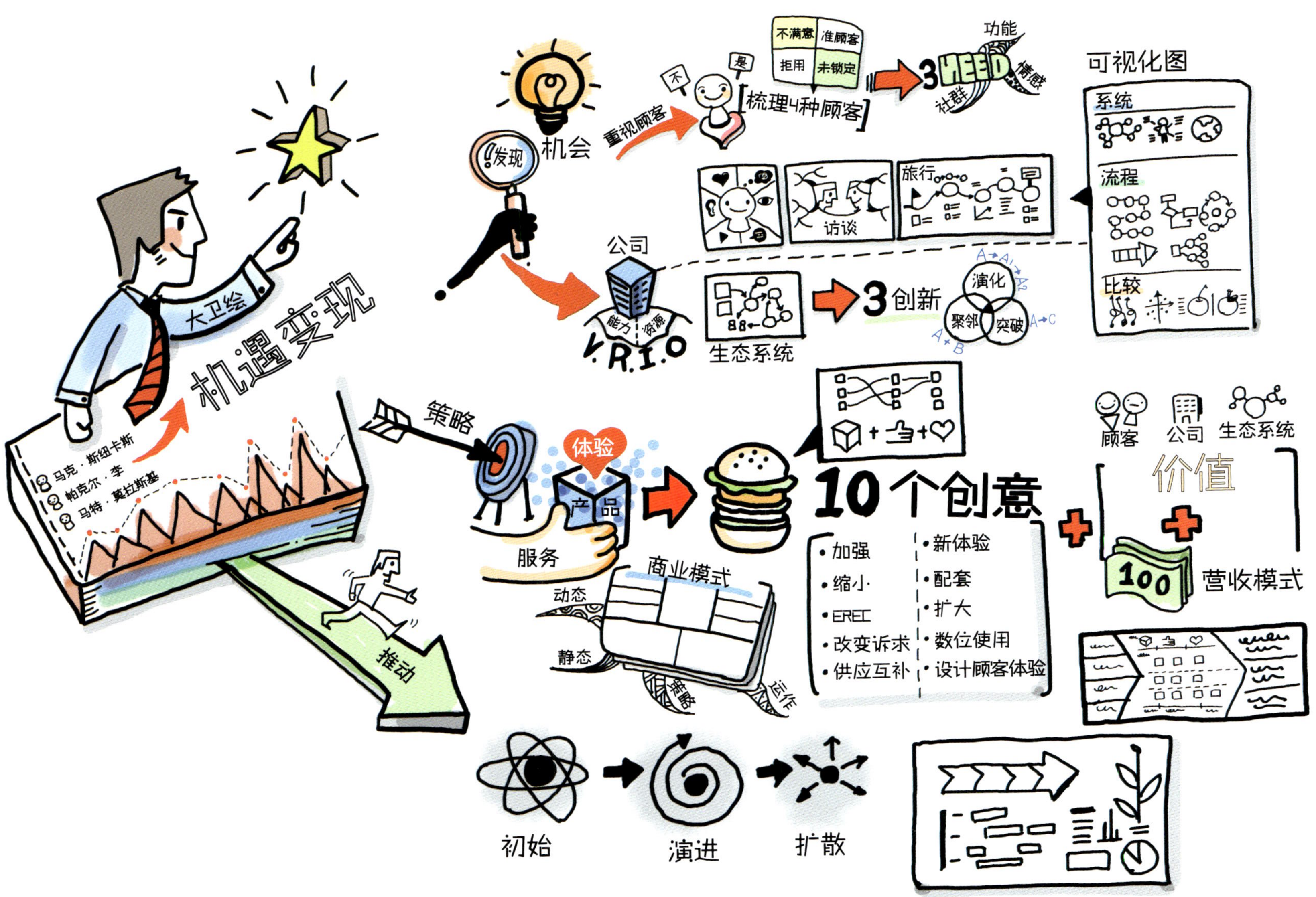
大卫绘
机遇变现
马克·斯纽卡斯
帕克尔·李
马特·莫拉斯基
发现
机会
重视顾客
不
是
梳理4种顾客
不满意
准顾客
拒用
未锁定
3 NEED
功能
情感
社群
可视化图
系统
流程
比较
访谈
旅行
公司
能力
资源
V.R.I.O
生态系统
3 创新
演化
聚邻
突破
A→A1→A2
A+B
A→C
策略
体验
产品
服务
商业模式
动态
静态
策略
运作
10个创意
加强
缩小
ERRC
改变诉求
供应互补
新体验
配套
扩大
数位使用
设计顾客体验
顾客
公司
生态系统
价值
营收模式
100
推动
初始
演进
扩散

THE ART OF OPPORTUNITY

机遇变现

发现下一波商业创新模式

How to Build Growth and Ventures Through Strategic Innovation and Visual Thinking

[美] 马克·斯纽卡斯（Marc Sniukas） 帕克尔·李（Parker Lee） 马特·莫拉斯基（Matt Morasky）◎ 著
郑雷 杜军 ◎ 译

中国人民大学出版社
·北京·

感谢我的妻子，她的耐心和陪伴让我能够坚持不懈。

马克·斯纽卡斯

感谢家人给予我无条件的爱与支持；感谢艾里克（Aric），是他助我飞得更高更远。

帕克尔·李

感谢鲍勃和桑迪坚定不移的鼎力支持。

马特·莫拉斯基

各界赞誉

《机遇变现》揭示了如何以创造性思维帮助你的公司发现新的成长机遇，并设计与之相对应的协同战略。该书不仅内容影响巨大，而且画面设计精美，激发创新思维。阅读并开始创新吧！

肯·布兰佳
《新版一分钟经理人》和《合作由你开始》合著者

《机遇变现》将帮助你激发组织内部的战略更新。本书形式新颖，内容富有创造性、激励性和实证性，势必会成为可供高中级管理人员参考的企业成长宝典。

德瑞克·范·罗森伯格（Deryck J van Rensburg）
可口可乐全球风险投资公司总裁

从咖啡台到会议桌——《机遇变现》挑战着我们的传统商业模式和思维定式，同时提供了一条通往成功的路径。

保罗·辛德（Paul Snyder）
洲际酒店集团副总裁

我很喜欢《机遇变现》这本书。无论你是在一家大公司内部推行一种理念，还是做一件大事，这本书都能为你提供框架和工具，帮助你提出正确的问题，助你启航并前行。总之，这本书将告诉你如何明晰、有远见、精准和充满活力地来组织你的思维。

理查德·布莱克（Richard Black）
德意志银行总数据架构师、英格兰银行前首席技术官

《机遇变现》的内容清晰、巧妙、通俗、实用，令人振奋。本书可以作为想要确定、设计和启动战略成长计划的所有人的分步指南。

戴夫·格雷（Dave Gray）
视觉思维公司 XPLANE 创始人

痴迷创新的视觉思考者，团结起来！这本书堪称圣经。

桑尼·布朗（Sunni Brown）
首席人类潜能学家、畅销书《游戏风暴》与《涂鸦革命》的作者

《机遇变现》根据大量经验提出了令人信服的证据，证明可以通过结合战略创新与源于他人的灵感来更好地运用商业设计思维。这种务实方法为现有业务提供了一个创新或适应复杂的、不断变化的环境的框架。这本书的确是一本好书！

安妮·巴特利特·布拉格（Anne Bartlett-Bragg）
涟漪效应集团总经理

《机遇变现》像一张路线图，指引公司沿着创新之路展开冒险之旅，寻找新的成长机遇。它为读者提供了可行性视角，包含了讲故事的关键组成部分，以及在于商业模式设计思维的全新世界采取用户为中心的方法。

索尔·卡普兰（Saul Kaplan）
触媒商业创新工场创始人和总裁、《商业模式创新工场》的作者

《机遇变现》的三位作者创造了一种设计未来企业的实用工具。这本书易读易用，增添了你和你的团队举行头脑风暴会议的趣味性。我敢断定，运用本书理念的公司能够节省大量的咨询费。每家希望成长的企业都应当经历这个过程。

多米尼克·特拉维尔索（Domenico Traverso）
丹佛尔动力系统公司工作职能部总裁

《机遇变现》视觉精美，设计思维新颖，为战略创新提供了实用的工具。

马克·波尔森（Mark Polson）
雅诗兰黛公司创造力和战略能力构建副总裁

在你运用极为有用的创新和战略方法时，这本书将彻底改变你的商业和个人生活。享受这场灵感之旅吧！

鲍勃·洛伯（Bob Lorber）
洛伯·卡麦咨询集团执行总裁、《一分钟经理人实践版》和《做重要的事》的作者

《机遇变现》提供了设计成长战略的新颖方法，书中介绍的成长战略设计方法对于既有企业和新兴创投公司的领导者同样有价值。

杰夫·莱特（Jeff Wright）
欧特克软件公司战略与营销副总裁

我们每天都会遇到机遇，但是机遇极少出现，也不会贴上机遇的标签。这本书的作者将可视化作为将机遇带进企业与生活的工具，让我备感振奋。这本书值得阅读、学习和想象。

吉姆·史都瓦（Jim Stovall）
畅销书《超级礼物》的作者

《机遇变现》是对希望通过创新实现成长，通过颠覆实现变革的企业具体而丰富的刻画。

杰伊·萨米特（Jay Samit）
畅销书《不颠覆，就会被淘汰》作者

《机遇变现》提供了令人耳目一新的企业成长和开拓的务实建议。我运用这种视觉化方法，通过整合资源成功解决了复杂的业务问题。

大卫·拉里（David Lary）
惠普公司打印和个人系统部副总裁

《机遇变现》赋予商业创新方法和简单易懂的视觉呈现以人性化。对于计划颠覆行业的企业家而言，这是一本必读书。

奇普·乔伊斯（Chip Joyce）
财智联盟执行总裁兼共同创始人

《机遇变现》清晰介绍了一切必要的信息，它犹如一件艺术品。我深信，本书将帮助成千上万的经理人比以往更快地获得企业管理知识。干得漂亮，谢谢作者付出的巨大努力！

西尔维斯特·德·凯泽（Silvester de Keijzer）
瑞士制造公司董事

《机遇变现》是一部清晰的创造企业新价值的指南。书中介绍的方法和讲述的故事证实：企业最有价值的部分是艺术而非科学。忽视这本书中的规则，你的企业就会陷入危险中。

迈克尔·格雷伯（Michael Graber）
南方成长工作室执行合伙人

对于那些觉得“无法摆脱”失效的老方法和业务流程者而言，本书不愧是一种奇妙的新工具。

马克斯·特伦（Max Thelen）
菲尔特公司前执行总裁

经过市场创新者证实的战略？是的。帮你组织探索的分步指南？是的。让人参与和得到启迪的创新型可视化解释？是的。如果你是一位做市商，千万别错过这本书。

凯文·泰特（Kevin Tate）
StepChange 集团共同创始人

《机遇变现》是一杯创新鸡尾酒，充满了巧妙的视觉思维，将激发企业家运用并带动企业成长。

吉姆·华莱士（Jim Wallace）
惠普公司全球代理战略和管理总监

一本充满气魄和吸引力的书！它提供了发人深省的战略新视角，以及帮助读者思考如何发现和抓住新机遇的重要的精神食粮。《机遇变现》的力量在于它为验证战略提供了务实的方法。它不仅仅表明了实验的重要性，而且还向读者展示了如何通过实验来验证自己的成长战略。

安雅·福斯（Anja Förster）**特和彼得·克鲁兹**（Peter Kreuz）
畅销书《创业者和天使投资人》作者

一种新颖的商业设计思维方法，应当能为战略计划管理者、决策者和领导者带来源源不断的创意，从而改善商业成果并创造价值。

亚伦·史密斯（Aaron Smith）
ProjectsAtWork.com 编辑

《机遇变现》是一部构思精巧的作品，它包含了丰富的图解说明，有时让我觉得是在阅读一本插图小说。书中新颖多样的案例分析随处可见，大多数案例是我之前闻所未闻的。但更重要的是，这是一本实用宝典。不论你是一位开始为商业理念绞尽脑汁的创业者，还是一家大企业中为新机遇寻找新路径的老练战略师，这本书都算得上一本弥足珍贵的实用指南，可带来超出读者预期的指引作用。毫无疑问，我会认真阅读这本书的。

马克·巴登（Mark Barden）
《美丽的约束》的合著者

《机遇变现》这本书介绍了一种让战略创新充满活力的创新方式，并将激发你左右大脑的最佳思维。对于新手和老手战略师而言，都是一本好书。

罗恩·梅耶（Ron Meyer）
荷兰蒂尔堡大学提亚斯商学院企业战略系教授

企业成长就是要确定和利用机遇。然而，从何处入手？如何知道从哪里看？这本书不仅能让你转变思维，还会激励你行动起来，进行新颖实用的练习。这是为经理人量身定制的成长路径。

海伦·伯克思（Helen Perks）
英国诺丁汉大学教授

如何将复杂的事情分解成可管理的明确目标，使其变得更容易理解和执行？这本书为读者提供了极为实用的设计新计划的步骤和建议。

斯图亚特·科里（Stuart Curley）
Northgate IS *企业架构副总裁*

对于任何试图驾驭复杂的价值创造者而言，《机遇变现》抓住了以践行创业精神和创新为真正的战略成长真正引擎的要点。

韦恩·西蒙斯（Wayne A. Simmons）**和基尔里·克劳福德**（Keary L. Crawford）
《成长思维：构建新的成长型企业》的作者

在一个日益视觉化和协同化的世界里，在如何增长绩效方面，《机遇变现》提出了令人耳目一新的见解。这本书引人入胜、通俗易懂，恰好符合商业界的需求。

克里斯多·费尔南多（Crystal Fernando）
洲际酒店集团全球商业服务主管

《机遇变现》是一部不可思议的、迷人的设计思维宣言书，适合所有视觉学习者阅读学习。

马特·穆格（Matt Moog）
PowerReviews *执行总裁*

三位作者设计了一场美丽而多彩的创新之旅，并且带领读者完整经历了这次奇妙的旅行。迷人的可视化描绘有助于吸引读者了解战略创新方法，简明有序的指导说明则激发出读者的创新思维，激励读者准备采取行动。对于任何想要抓住发现机遇的人而言，这都是一本必读书。

C. 托德·隆巴多（C. Todd Lombardo）
Fresh Tilled Soil *首席设计战略家、《设计冲刺》的作者*

《机遇变现》以循序渐进、新颖和可视化的方式鼓励企业为客户创造新的价值。

道格·范·阿曼（Doug Van Aman）
范·阿曼通信公司负责人

作者巧妙地将复杂的战略设计原则变成了任何期待成长或建立业务的人都能领会的通俗理念。《机遇变现》是一本迷人的可视化指导手册，可帮助任何规模的企业挖掘自身的创造力，以制定有效的商业战略。

凯瑟琳·帕尔默（Catherine Palmer）
欧特克软件公司高级产业营销经理

在 EMEA 管理苹果教育公司时，我们发现了视觉传播的力量和韧性，这使我们能够将复杂的数字化参与转化为简单、有益和有意义的图解和图形。如今，《机遇变现》帮助我将这项工作推向了另一个重要的阶段。

阿兰·格林伯格（Alan Greenberg）
EMEA *苹果教育公司前董事，现任* 8GT Fund *顾问委员会委员*

《机遇变现》是一部重要的创新杰作，它将有助于我与世界上最大的娱乐传媒公司的内部创业者开展合作。

约翰·哈夫曼四世（John Huffman IV）
哈夫曼公司创始人

《机遇变现》照亮了一条通往企业成功的成长小径。

凯文·奥基夫（Kevin O' Keefe）
商业领袖和畅销书《普通美国人》的作者

《机遇变现》影响深远，内容实用，是一本极好的战略反思与行动指南。

奥马尔·贝格（Omar Baig）
OECD *数字、知识和信息服务主管*

坚持、了解和行动是任何想要取得成功的团队必备的素质。这本书以新颖的见解和方法帮助指导团队快速设计创新计划。

司徒兆均（Ed Soo Hoo）
加州大学伯克利分校创业和科技中心行业研究员

《机遇变现》清晰详述了如何运用验证的战略创新和可视化思维取得成功。作者根据多年经验巧妙设计了一条旅行之路，帮助公司实现显著成长。愿你在阅读这本书后取得成功。

K. C. 泰斯（K.C. Teis）
Rackspace *体验设计副总裁*

过去12个月，在和150多家中小型企业合作的过程中，我发现这些企业希望得到实用的、可视化的业务支持，希望通过启发和举例指导它们做出正确的决定。《机遇变现》成功地做到了这一点。它提供了关键的可视化工具，向读者展示了如何在商业成功的每个阶段使用和运用这些工具。这是一本必买的好书。

马克·科普塞（Mark Copsey）
鸢鹰创新公司总监、英国利兹贝克特大学企业成长导师和讲师

《机遇变现》这本书介绍了一种清晰实用的方法，帮助你发现蕴藏于企业内部的成长机遇，以及教你如何将机遇变为现实，冲向行业顶端。

罗伯特·麦金农（Robert McKinnon）
洲际酒店集团前高级副总裁和项目管理办公室主管

《机遇变现》这本书注定会成为将商业设计思维融入企业成长的圣经。这是一本必读书。

拉尔斯·克拉玛（Lars Crama）
InnoLeaps 首席商务官

《机遇变现》这本书勾画了一张易于理解的以客户为导向的创新带动企业成长的蓝图。要是10年前有这本书，我就可以节省大量的代理费了！

海因茨·威尔奇里（Heinz Waelchli）
SnapAV 首席客户官

很少有书能以这样优雅的方式叙述一系列巧妙的横向选择，使其就像科学一样可以被实践验证。对于计划利用现有团队创新以创造新价值的读者而言，这是一本必读书。

谢恩·斯马特（Shayne Smart）
日内瓦公约画册创办人

如果你想要马上开始设计自己的下一次战略创新，那就一边阅读，一边批注吧。这本实用的商业设计思维指南将帮助你充分利用自己的客户机遇。

西蒙·特里（Simon Terry）
全球变革推动者公司董事长

《机遇变现》这本书具有实用性、变革性以及可行性。领导者应当用这本创新指南来武装员工。遵循本书的指导，你的企业就会成长。

迈克尔·尼尔（Michael Neil）
富兰克林广场资本合伙公司前数字化营销总监

《机遇变现》为你介绍了巧妙的创新方法，帮助你发现名副其实的新的成长机遇。书中包含许多有用的工具，包括一些不错的客户之旅描绘方法以及研讨会权威人士所用的实用工具。这本书还为非专业创新者提供了有用的设计思维和成长规划指导。创新永无止境！

布雷登·凯利（Braden Kelley）
InnovationExcellence.com 共同创始人、《描绘变革》和《点燃你的创新之火》作者

如何有效形成与战略创新关联的创新商业模式是一个尚未解决的理论与实践问题。这是一本少有的结合战略、商业模式创新及创造力技巧的书，为创业者提供了有用的方法。

丹尼尔·利特克（Daniel Liedtke）
瑞士哈里斯兰登私立医疗集团首席运营官

三位作者提供了一个强有力的框架，激励并使读者能运用自己的创造力来制定企业成长战略。

罗伯特·谢泼德（Robert Shepherd）
洲际酒店集团欧洲区设计与开放首席开发官和高级副总裁

《机遇变现》充满了新思想和新信息，但我们无法将一切都收入本书，所以我们在网站上增添了更多的内容、资源和下载资料。请登录 www.theartofopportunity.net 注册，了解更多的详情。

推荐序

当今的许多领导者在加入企业时，把“创新”当作研发或过程效率这些传统竞争优势象征的代名词。在我们的一生中，很少有人能预见职场上会出现全新的领域，让公司保持“创新性”或持续的创造性，换句话说，谁也没想到“创新总监”“首席创新师”，甚至“首席策划师”之类的头衔，会在企业的组织架构上占有一席之地。

然而，此事确实存在，而且存在理由很充分。在相对较短的时间跨度内，我们看到一些曾经的行业巨头纷纷被“创新型”初创公司所取代，引起了整个商界的关注。这种现象传达了一个清晰的信号，那就是不进则退，企业不能固守不变了。只有真正创新，带动新的成长，为你的客户和企业甚至周围的世界创造出价值，才能确保自己立于不败之地。

不仅是身处“创新”职位的人，公司中从上至下各级人员，对于这种紧迫性都深有感受。如今，我们都是企业创新者。由于所有人都在关注这个问题，我们就应当解决它，对吗？不对。

问题是，发现和利用新的成长机遇很难，对于常常因过时的思维、传统的商业模式或官僚作风肆虐而受到束缚的知名企业而言，尤为如此。如果我们在战略上不保持警醒，认真对待，那核心竞争力就可能会让我们变得僵化。在这种情况下，很难形成“打破常规思维”和建立新的成长计划的能力。但是，随着我们越来越急于发现新的成长路径，这将不再是一件难事。我们需要的是一张路线图，帮助我们发现、促进和注意机遇，以真正带动成长。这本书能帮助我们做到这一点。

马克、帕克尔和马特为追求新的成长设计了一个丰富多彩、引人入胜的旅程。在介绍新的成长战略和战略创新（如非客户、基本客户需求、商业模式和盈利模式构建）思维方式的过程中，他们还向读者介绍了新的工作方式。本书始终贯穿着视觉思维方法及其他商业设计思维原则，帮助改进建立新成长业务的战略的设计和执行方法。借助可视化、工具和模板的支持，本书将帮助你根据自己的企业需求运用正确的方法。

另外，作者还从能说明概念的众所周知的案例轻松转向新颖的、未公开过的案例研究，以启发读者。最后，作者基于严格的学术研究并结合大量实践经验创作了这本引人深思的商业指南。

虽然“创新”一词并不新鲜，但是《机遇变现》让创新离人们更近。这正是每位寻求新的成长的企业家所急需的精神食粮。

德瑞克·范·罗森伯格

可口可乐全球风险投资公司总裁

目　录
CONTENT

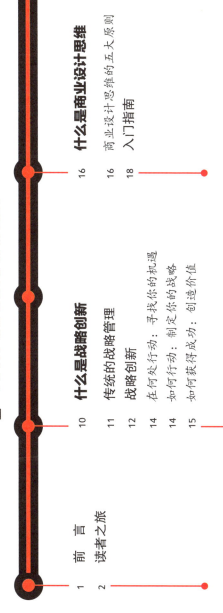

2 发现新的成长机遇
DISCOVER YOUR NEW GROWTH OPPORTUNITY

3 构建你的战略 CRAFT YOUR STRATEGY

4 启动新的增长业务 LAUNCH YOUR NEW GROWTH BUSINESS

5 掌握商业设计思维
MASTERING THE ART： BUSINESS DESIGN THINKING

要么做，要么不做，

没有尝试一下这种事。

绝地武士尤达大师

前　言

我们写作本书的目的是为了回答以下问题：市场地位稳固的公司如何才能在组织内部创造新的成长战略与业务？

通过研究成功的公司在解决这个问题和克服成长挑战过程中采取的方式，我们设计出了一种战略创新方法，可以帮助你的企业减少风险，快速取得成果，提高成功概率。但是，读者不应误认为我们介绍的方法一定能助其成功。发现并抓住新的成长机遇是一门艺术。就像其他任何艺术一样，它需要亲身奉献、专业严苛和创新激情来驱动才能成功。我们的经验表明，运用本书所描述的战略与视觉思维方法，不仅可增加发现机遇的机会，而且更容易取得今天大多数创新型公司所经历的成功。

写作和设计《机遇变现》一书时，我们运用了许多书中所介绍的过程和原则。由于采取了同样的视觉思维行动和方法来确定、设计和启动机遇，这大大加快了我们的协作过程。

我们还运用了多种基于团队的方法，每一位作者介绍了一套独特的专业和文化上的经验，拓宽了我们在主题素材方面以及读者之旅设计上的视角。最后，我们遵循了积极迭代系统，采用循环方式写作本书，尽一切可能集思广益，以提升书中的内容及其呈现方式。

我们的思想受到了很多作者的启发，包括加里·哈默尔，克莱顿·克里斯坦森、W. 钱·金、勒妮·莫博涅、大卫·蒂斯、戴夫·格雷、顿·科尔伯格、吉姆·巴格内尔和大卫·凯利，同时与全球各大公司的专业合作也让我们受益匪浅。书中的理念是我们在过去 20 年间原创的学术研究成果和经验的结晶，我们运用学习和掌握的知识来帮助企业实现成长、创新和变革。

读者之旅

为帮助读者更好地了解并最终打造新的成长机遇，我们围绕“读者之旅”这个想法组织架构了《机遇变现》一书。在这场旅行中，我们向读者介绍了理念，论证了原则，展示了行动，使读者能够了解和实践机遇变现。虽然我们承认，有无数条新成长路线可以去实现，但我们希望一路上吸取的教训能帮助读者更成功地探索和创造自己的成长之旅。“读者之旅”包括：

1. **核心理念**：辅助图解和图表；
2. **启示**：其他企业如何将理念运用到实践中，以取得突破性成长；
3. **激发**：鼓励读者反思与自己的成长之旅有关的理念；
4. **活动**：设计了“从做中学”研讨会的练习环节，引导你的团队走完成长过程；
5. **模板**：采用简单易懂的可视化形式（见每个部分的结尾）组合和陈述成长之旅期间获得的关键发现。

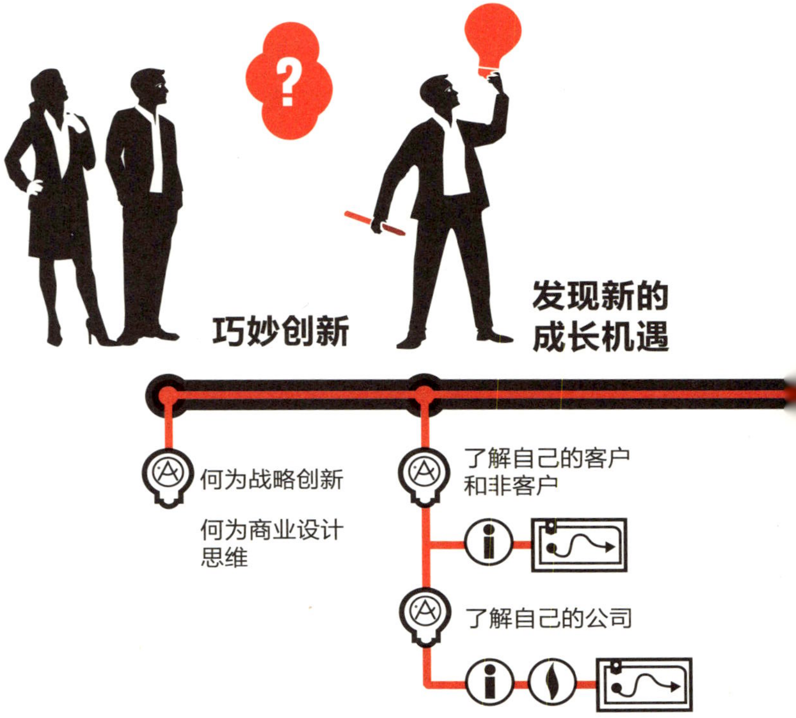

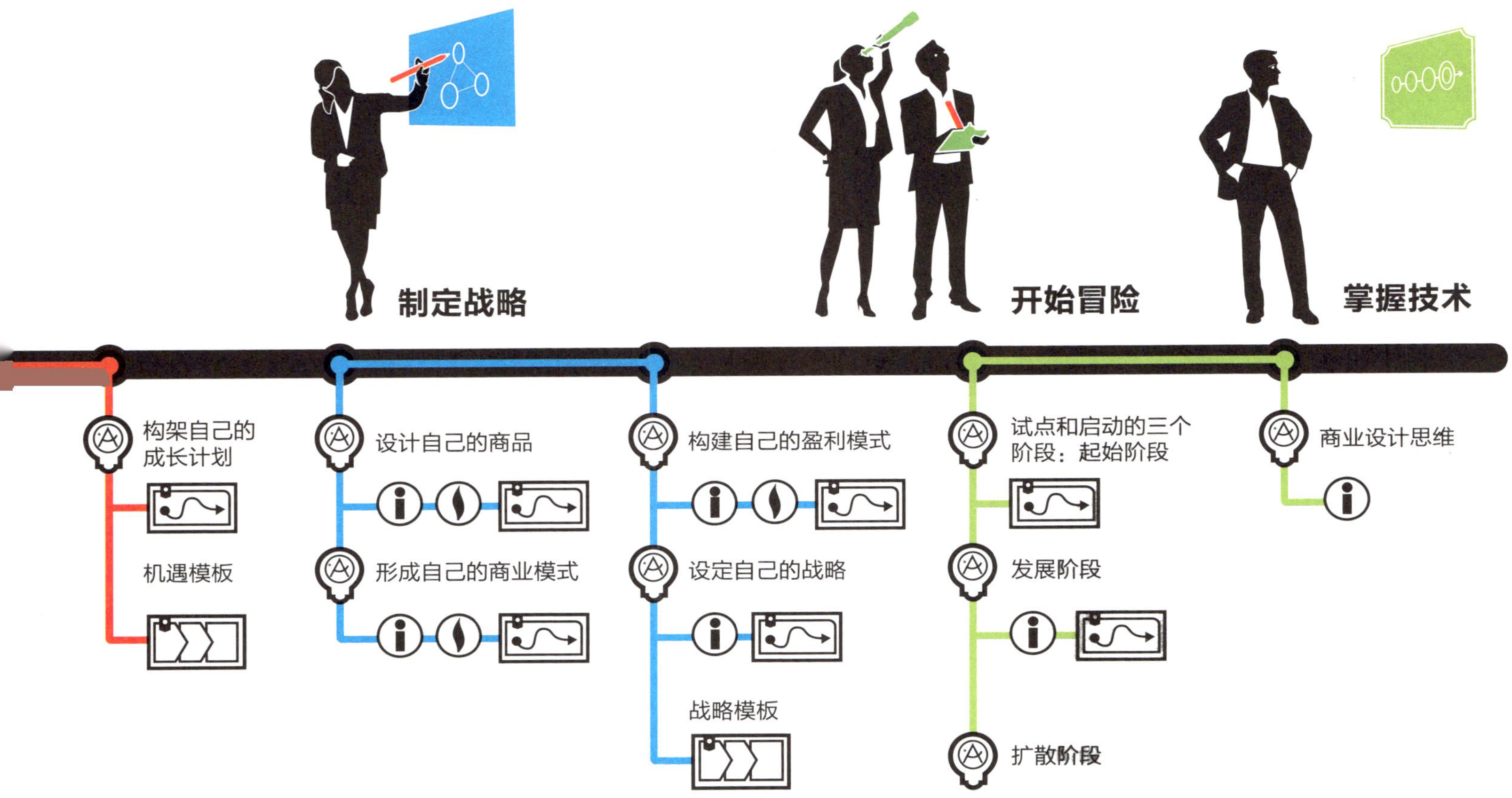
制定战略
开始冒险
掌握技术
构架自己的成长计划
机遇模板
设计自己的商品
形成自己的商业模式
构建自己的盈利模式
设定自己的战略
战略模板
试点和启动的三个阶段：起始阶段
发展阶段
扩散阶段
商业设计思维

创新 驱动

我们前行！

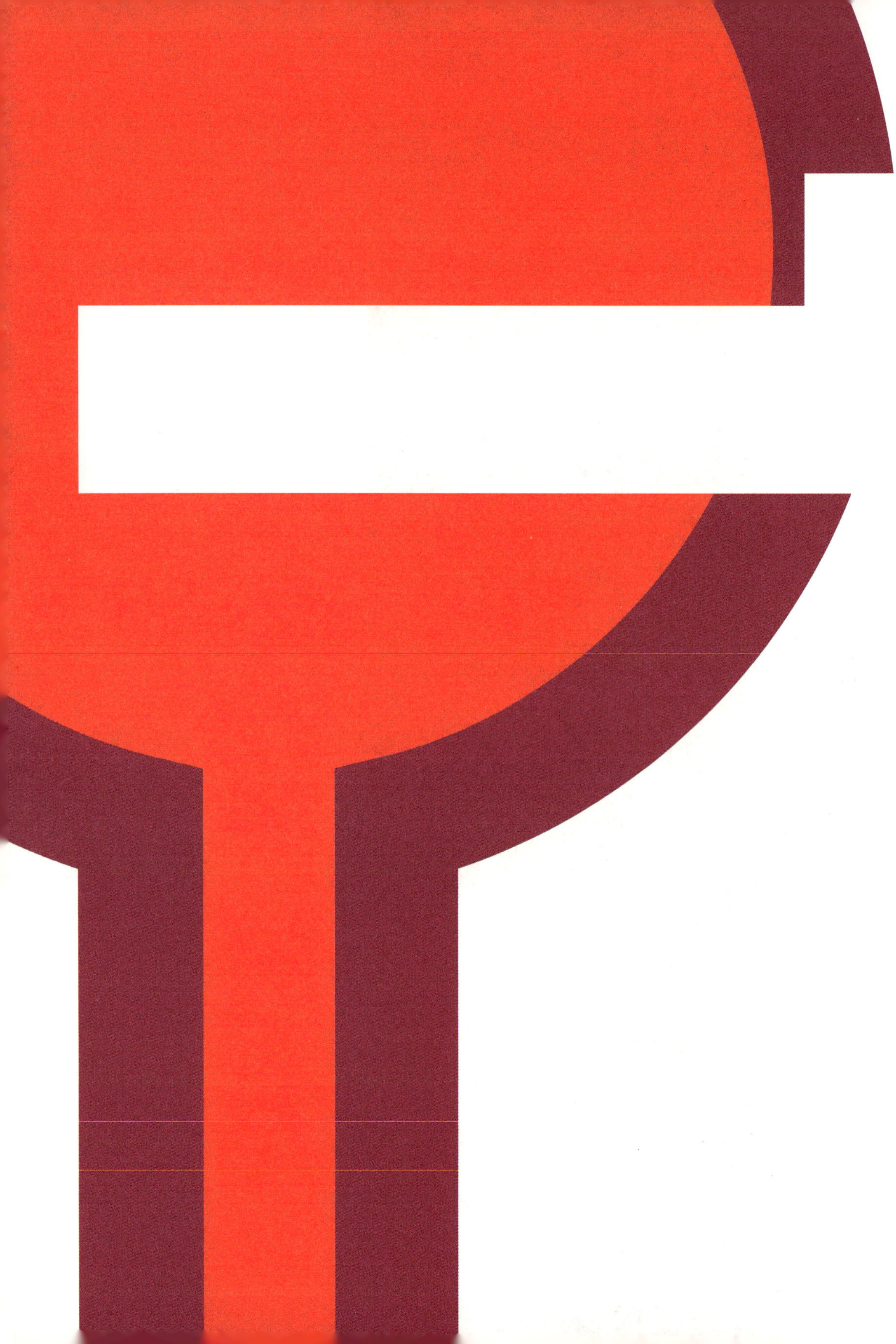

ARTFUL INNOVATION

巧妙的战略创新

我们以定向方式抓住了增长机遇，并从新业务领域长期的动态发展中获益。

德国广播电视集团（Prosiebensat.1 Media，Pro7）2014 年年报

2009 年，当托马斯・艾柏林（Thomas Ebeling）成为德国广播电视集团新任执行总裁时，他面临着一个大家都面对的难题：如何让企业获得增长？当时，德国广播电视集团是德国电视广告市场首屈一指的传媒公司，核心业务是为用户提供免费的电视节目，依靠广告收入盈利。艾柏林先生遇到的挑战是如何让企业到 2018 年时实现 10 亿欧元的增量收入。倘若采取传统战略措施，扩大现有业务与产品系列，显然不容易取得成功。

德国广播电视集团拟定了一个独特的新业务战略：为初创公司和中小型企业制作电视广告。长期以来，这两个客户群体都负担不起昂贵的电视广告费用，它们被业界视为无利可图的客户群体。但是启动新业务一年后，它们就为德国广播电视集团带来了 2000 万欧元的利润。五年后，德国广播电视集团的这个新业务战略取得了巨大的成功。实际上，这一战略在 2015 年已经有了质的飞跃，公司收入超过原定的 10 亿欧元目标，最终高达 18.5 亿欧元。

商业人士和学者都非常赞赏这样的成就，惊叹德国广播电视集团运用新战略成功打入了全新的市场，拓展了新的业务领域。毕竟，发现并抓住新的成长机遇是企业的圣杯。德国广播电视集团没有采用传统的成长方法，那么它是如何开发出新产品，获得全新的商业模式和盈利模式，吸引到全新的客户群体的呢？

什么是战略创新

《机遇变现》是一本关于如何利用创新和商业设计思维，找到新的成长机遇，制定抓住这些机遇的战略，以建立全新业务，使现有企业获得发展的工具书。商业战略的本质就是决定企业应该在何处行动，为获得成功而如何选择的一个系统。战略管理是为企业提供一个思维框架，帮助企业找到这些问题的答案，并做出正确的决策。《机遇变现》中提出的工具与理念，为看待这些商业问题提供了新颖的方法，使企业能够想出比传统战略管理方法更具创新性的答案。

传统的战略管理

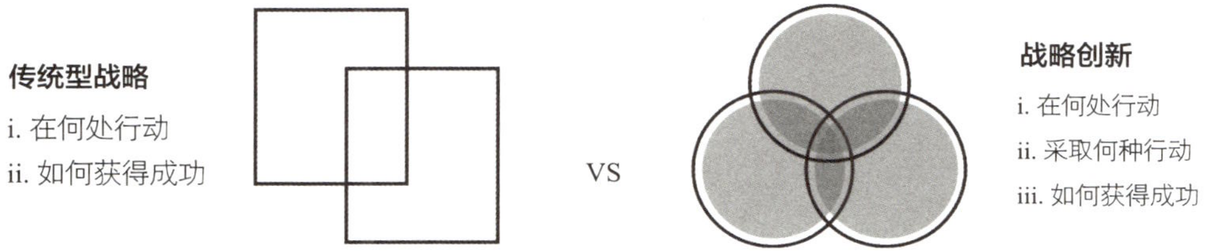

在商业层面上，传统的战略管理主要涉及在何处行动和如何获得成功。在何处行动被定义为关于行业、产品以及市场组合的一种选择。简而言之，你选择了一个行业，如航空运输业，并选择了一个市场，如美国大陆航班，你就在这个市场范围内定义自己的产品，如价格便宜的城际直达班机。

如何获得成功大多被定义为如何获得竞争优势。迈克尔·波特（波特五力模型的创建者）关于如何取得竞争优势的经典通用选择法则可以归结为三种：（1）做成本领先者；（2）让你的产品与众不同；（3）关注利基市场。特里西和威尔斯马（价值信条的定义者）提出了业务成功的三项选择：（1）产品领先（通过注重产品创新提供最佳产品）；（2）卓越运营（注重低成本、精益、快速生产和快捷交货，成为价格和便利性方面的领导者）；（3）亲近顾客（通过订制产品、注重客户关系来建立顾客忠诚，从而取得成功）。

因此，战略制定与执行是一个分析环境、制定战略并最终执行战略的线性过程。原则是，必须在执行战略前完成战略制定。

需要说明的是，我们并未暗示这些传统的战略管理方法行不通。对于有些企业和某些行业而言，如果运用得当，这些传统的战略管理方法会极为奏效。然而，当许多公司试图借助这些传统构架实现企业成长和创新目标时，往往会陷入困境。

战略创新

我们采取的战略创新与传统战略有何不同？

我们将战略目标从注重通过更低成本或不同产品而获得竞争优势，转向借助创造新价值来发现并抓住机遇。传统战略注重公司自身，设法将公司定位为成本领先者，提供不同的产品，关注利基市场或类似方面。但是，仅凭更低的成本或不同的产品不再能确保企业取得成功。《机遇变现》一书采取了企业家的立场，用更前卫的角度来设计和思考战略，着眼于产品、服务以及整个客户体验（CX），乃至你的商业模式和盈利模式。

我们已经明白二者之间的差异，现在是时候来检验一下本书中建议的企业战略设计方法了。本书从一个全新的视角去看待战略创新的三个关键点：（1）在何处行动；（2）如何行动；（3）如何获得成功。

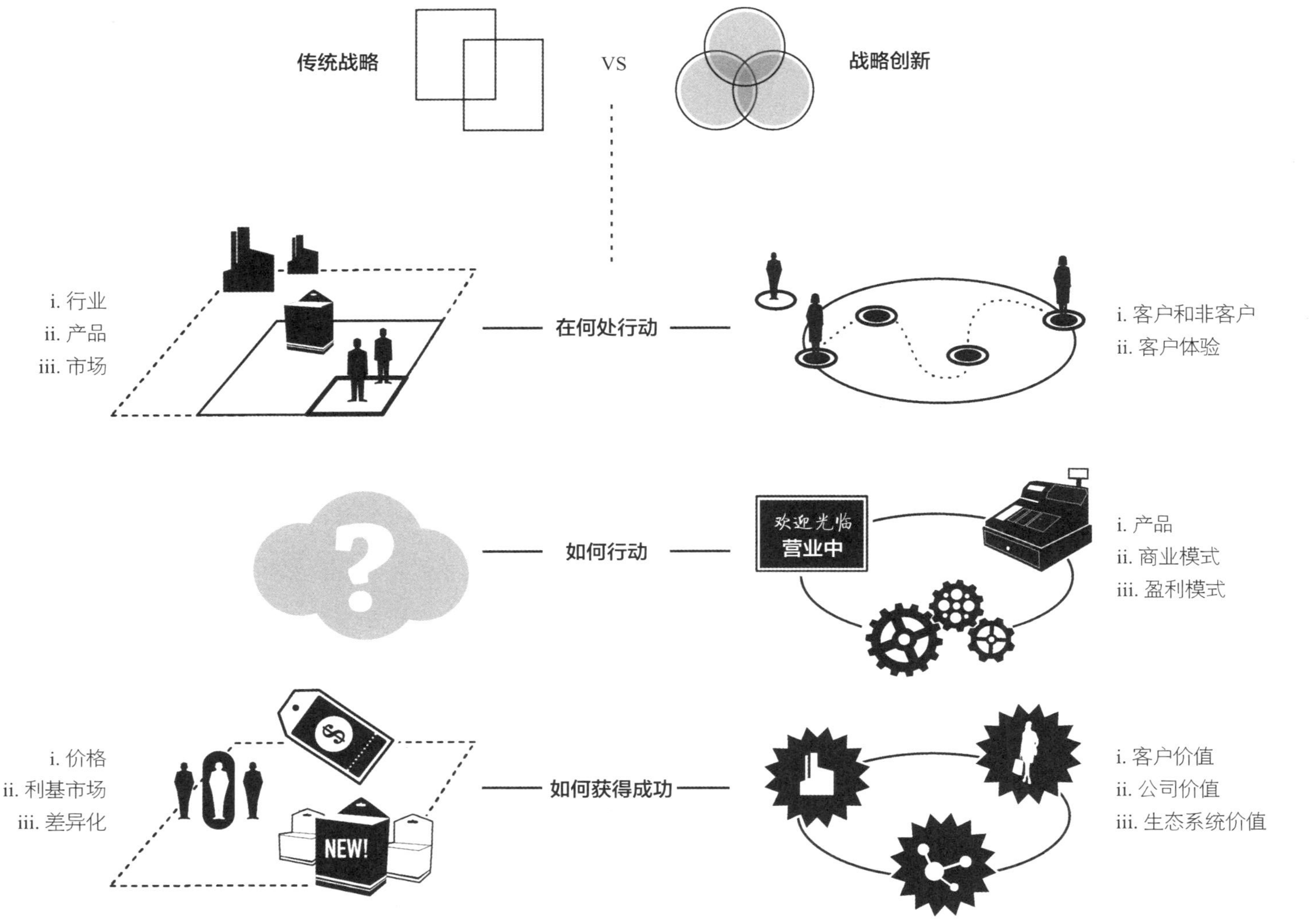
传统战略
VS
战略创新
i. 行业
ii. 产品
iii. 市场
在何处行动
i. 客户和非客户
ii. 客户体验
如何行动
欢迎光临
营业中
i. 产品
ii. 商业模式
iii. 盈利模式
i. 价格
ii. 利基市场
iii. 差异化
NEW!
如何获得成功
i. 客户价值
ii. 公司价值
iii. 生态系统价值

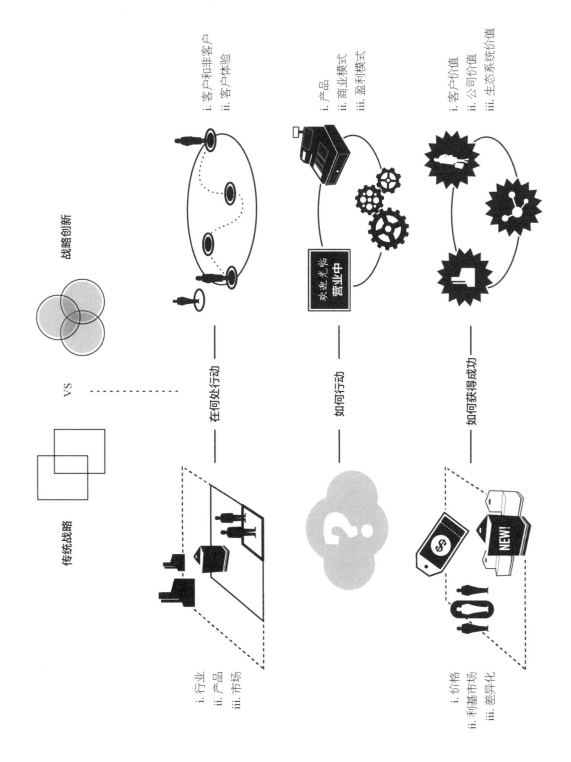

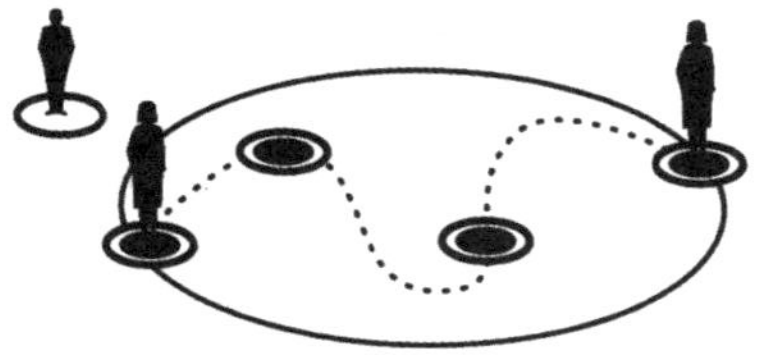

i. 客户和非客户
ii. 客户体验

在何处行动：寻找你的机遇

在何处行动是指要发现企业新的成长机遇。我们关注的并非行业、市场和竞争对手，而是探索：

- 客户和非客户；
- 客户需求和期望；
- 客户体验，包括消费障碍和满意度的制约因素。

机遇就是这样一个计算函数：它包含你所选择的客户群体及其需求和期待，还有对应的解决方案，同时还不能忽略消费障碍以及客户满意度的制约因素。

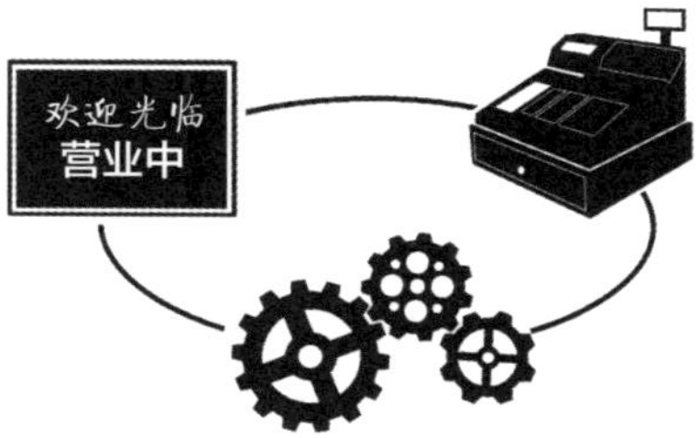

i. 产品
ii. 商业模式
iii. 盈利模式

如何行动：制定你的战略

如何行动就是指制定战略，并设计捕获这些战略所必需的商业。定义如何行动，就要去构思属于你的：

- **商品**：包括产品、服务和客户体验的独特融合。
- **商业模式**：创造和交付你的商品所必需的系列活动。这些活动按规定顺序进行，借助必要的技能、能力和资产来实现，并确认谁来提供这些技能、能力和资产，以及你该如何与伙伴进行合作。
- **盈利模式**：你的收入流、定价机制和支付方案的组合。

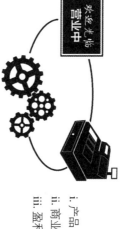

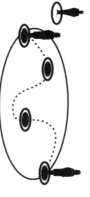

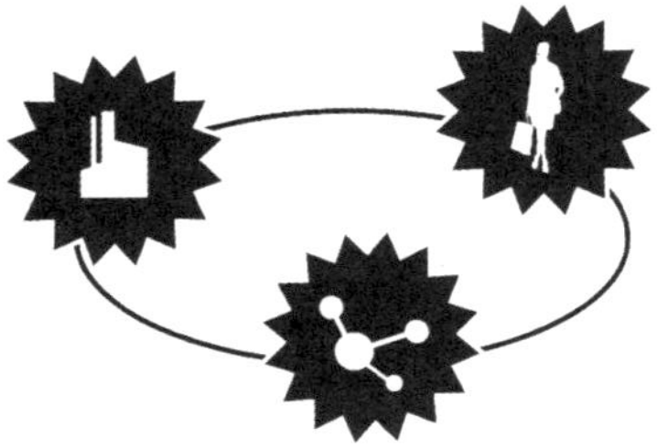

i. 客户价值
ii. 公司价值
iii. 生态系统价值

如何获得成功：创造价值

我们并不是仅仅寻求成本和定价或产品 / 服务的差异化，而是注重创造。

- **客户价值**：消除消费障碍和满意度的制约因素，优先解决你的客户需求。
- **公司价值**：制定能够为公司产生价值的战略，进一步扩大机遇，打开运营和财务效益的机遇之门。
- **生态系统价值**：为合作伙伴以及公司所置身并依赖的更大的生态系统创造战略、运营和财务价值。

我们还会阐明，战略制定和执行以及建立新的增长业务的过程既非完全线性的，也非完全迭代的模式。相反，我们将图解说明企业如何经历包含三个阶段的迭代过程，其特征不仅仅是分析和规划，而是更偏向于行动。

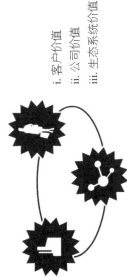

什么是商业设计思维

如果说战略创新关注的是新的成长战略的内容和战略制定的过程，那么商业设计思维则关注让你的团队能以更高效的方式取得成功的实践过程。

简言之，商业设计思维是有助于了解、解决和制定商业问题解决方案的一系列原则（其主要方法是视觉思维）。商业设计思维还可以被看作一种战略性思维或工作方式，注重了解参与者的目标、可视化的理念和信息、协同工作及迭代学习的能力，同时具备商业全局观。这种原则及工作方式已经被证实能够打开创造力的新大门，能够主动地联动参与者和利益相关者，建立清晰的思路并达成共识，以加快产品推向市场的速度。

商业设计思维的五大原则

1. **保持人本导向**。以人而非物作为你的故事的核心。以人为本，感同身受，不仅能为客户创造价值，而且还能为包括员工、股东、供应商和销售商在内的所有利益相关者创造价值。
2. **保持视觉思维和故事性**。可视化使我们能够更容易、更清晰地交流思想，和其他人一起形成创意。把故事可视化，能够让想法更加栩栩如生，有助于理解和达成一致，加快决策。

3. **协同创造**。整合不同的观点，就多学科背景团体内的共同问题形成解决方案，获得大家的支持，产生突破性的想法。
4. **通过主动迭代推进发展**。从实地建构来深入了解。迭代能让你在创造过程中进行反思性学习，更快取得成果，同时让你的想法、解决方案或战略更具适应性和发展性。
5. **保持全局观**。将组织看作不断发展的开放系统，有各种流程在其中交互作用。这个有利点能帮助你确定机遇，打破思维局限，提高效能，并创造有助于理解的环境。

本书结合了商业设计思维的五条原则，体现了实践者的工作方式。尤其是我们借鉴了视觉思维，可视化工具加快读者了解一些新的创意，让大家一目了然，激励相互合作，寻求彼此的支持。这个过程鼓励循环式开发，以支持迭代学习，并站在全局的视角积极推广价值识别。

运用商业设计思维工作方式的中高级管理人员，将形成与同行不同的能力与做法。我们见过企业运用商业设计思维，为它们的客户、员工和生态系统创造出了最大的价值：员工感受到自己能根据自身的判断来做决定；企业信任和支持员工的工作，并对员工的创造性和能动性给予奖励；客户感激公司产品与服务所带来的优良品质和价值，从而提高了公司的经济效益和品牌价值。通过业务的增长以及与其他公司的往来，生态系统中的合作伙伴也同样获得了价值。

入门指南

我们的研究发现，要想提高成功的概率，就应该让你的成长计划具有下列特征：

- 拥有一支专业而多样化的团队；
- 得到组织领导者的认可和资助，且企业领导者愿意投身于成长计划；
- 投入专门的时间、资源、资金和实体空间；
- 具有明确的目标和期望值，并且设定了时限；
- 始终保持与每个参与者进行公开、持续的沟通；
- 运用视觉思维和讲故事的方式来管理错综复杂的事务。

具备以上这些特征的团队中，其最关键的特征是拥有一支专业而背景多样的团队。你需要一群能代表主要利益相关者群体的、具有跨学科背景的思想者来执行战略创新的过程。寻找能（或受委托）奉献必要的时间且拥有以下商业设计思维技能、特性与能力的个人：

- 具有开放性思维，积极运用实验和迭代来解决问题的人；
- 具备同理心，并且在每项决定中以客户 / 用户为中心的人；
- 从全局视角考虑问题，并能够发现看似无关的观点和过程之间的关联性的人；
- 能够坦然地面对不明确和不确定的事物的人；
- 能够清晰表达自己的思想（不论是否运用视觉思维），主动展开开放性的、有意义的对话的人；
- 愿意与个人或团队共同创造和协作的人；
- 拥有成长型思维模式，具有强烈的学习热情，而不是只渴望被他人赞同的人。

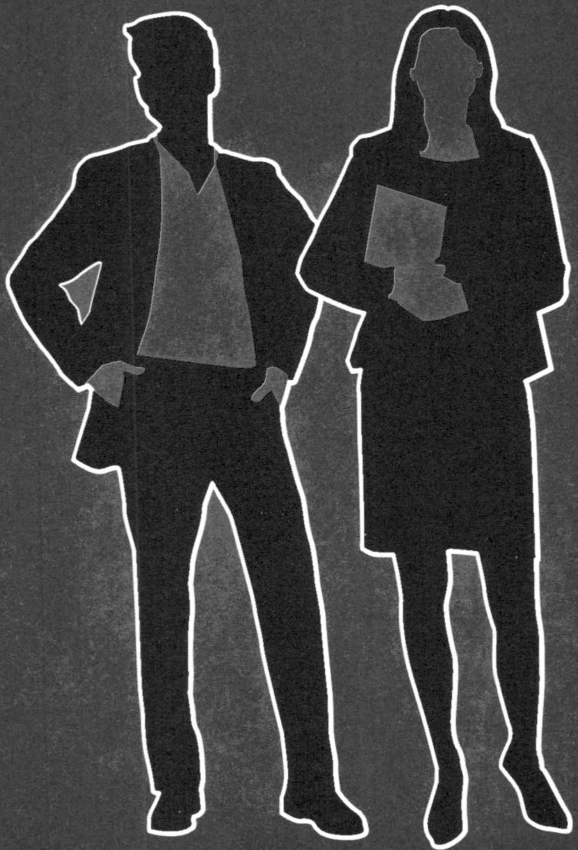

同理心、全局观、开明、勇敢、可视化、合作

DISCOVER YOUR NEW GROWTH OPPORTUNITY

发现新的成长机遇

发现新成长机遇的首要原则是，你始终去追逐那些未得到充分服务的或被忽视的客户。

大卫·贝尔，教授

第 2 章

到哪里去寻找新的成长机遇？越来越多的证据表明，相对于那些从组织内部研究着手的公司，将客户至上作为战略创新起点的公司更能研发出较成功且更具创新性的产品。为什么？只有深入了解客户及其真正的需求和期望，以及客户对于目前产品满意与否，你才能获得洞见，制定出客户真正愿意接受的解决方案。遗憾的是，大多数公司一开始就不知道客户为何愿意或拒绝与他们发生业务往来。

除了解客户之外，还要坚定而清晰地了解自己的目标，认清公司的发展初衷，理解公司能够用来实现新增长的自身优势。因此，为了发现新的成长和战略创新机遇，应该以下列举措为重点：（1）了解客户和非客户；（2）了解自己的公司；（3）构思公司的成长计划。

了解客户和非客户

根据常规的方法，要确定机遇，就应当充分分析现状，明确自己的目标，制定缩小差距的方法。不过，我们建议你要看得更远，不要局限于公司的内部形势，在审视自己公司和构思公司成长计划前，关注并加深了解自己的客户和非客户。

为什么？因为在探索尚未发现的机遇之前，你寻求机遇时不应当受限于目前的定位、假设，以及你可能设定的任何目标。

要发现公司的新的成长机遇应当从了解客户开始，而不是一开始就直接运用传统的客户分类或市场调查方法。企业的成长源于深入了解自己的客户和非客户，包括他们的需求和期望、做出选择的驱动因素，以及妨碍他们的需求获得满足的消费障碍和满意度的制约因素。

看待客户时，大多数公司只关注最好的以及对公司产品最满意的客户，询问他们公司怎样做才能让他们更高兴。例如，德国汉莎航空公司每个季度都会对头等舱旅客和常旅客计划的优惠客户进行访问，询问他们对公司服务的满意度，以及航空公司可以采取什么样的改进措施。虽然我们赞同这些挽留最有价值客户的行为，但过分注重此类客户不太可能带来指数式增长。他们已经是你的最佳客户了，显然他们认为你做得不错。如果只想增加公司在他们的钱包中所占的份额，那你的公司就不会走得更远。相反，我们建议你选择一条不同的轨道，关注四类前景不错的潜在客户群（或者叫非客户群）。

遗憾的是，大多数公司并不知道为何客户选择或拒绝买它们的产品。

客户和非客户

不满意型客户

我们将探索新成长机会的第一个客户群体称作未被满足的客户，即不喜欢你的产品的人。这些客户可能根本不会购买你的产品，或他们可能只会消费少量你的产品。他们消费你的产品的原因仅仅是由于没有替代品而已，如果有替代品的话，他们会毫不犹豫地转向其他产品。

思考一下，你是否能为这些客户提供非常满意的产品、服务或客户体验呢？

将未被满足的客户变成其拥护者的两家公司分别为美国的大型购物商场 Nordstom 和美国最大的在线鞋子销售商 Zappos。它们的战略是提供卓越的服务并超越预期。例如，Nordstrom 的卓越客户服务主要体现在重视客户体验和允许员工自主决定这两个细节上。公司制定的员工行为准则之一是："在一切情况下，做出对客户最佳的决定。"不需要其他附加规则。谈到客户服务，Zappos 也算是一家传奇性的公司。该公司完全致力于提供优质服务并倾听客户诉求，由此获得了非常丰厚的回报。Zappos 公司有一大批忠诚的顾客，他们用口碑宣传 Zappos 为他们提供的出色服务，使得 Zappos 享有 75% 的回头客。

这些公司的经验说明，摆脱满足客户需求的固有方式，就能使客户感觉自己受到了重视和尊重，从而得以掌控客户群。将不如意的客户变成开心的客户，这能够为公司带来难以置信的忠诚顾客和品牌传播。

客户类型

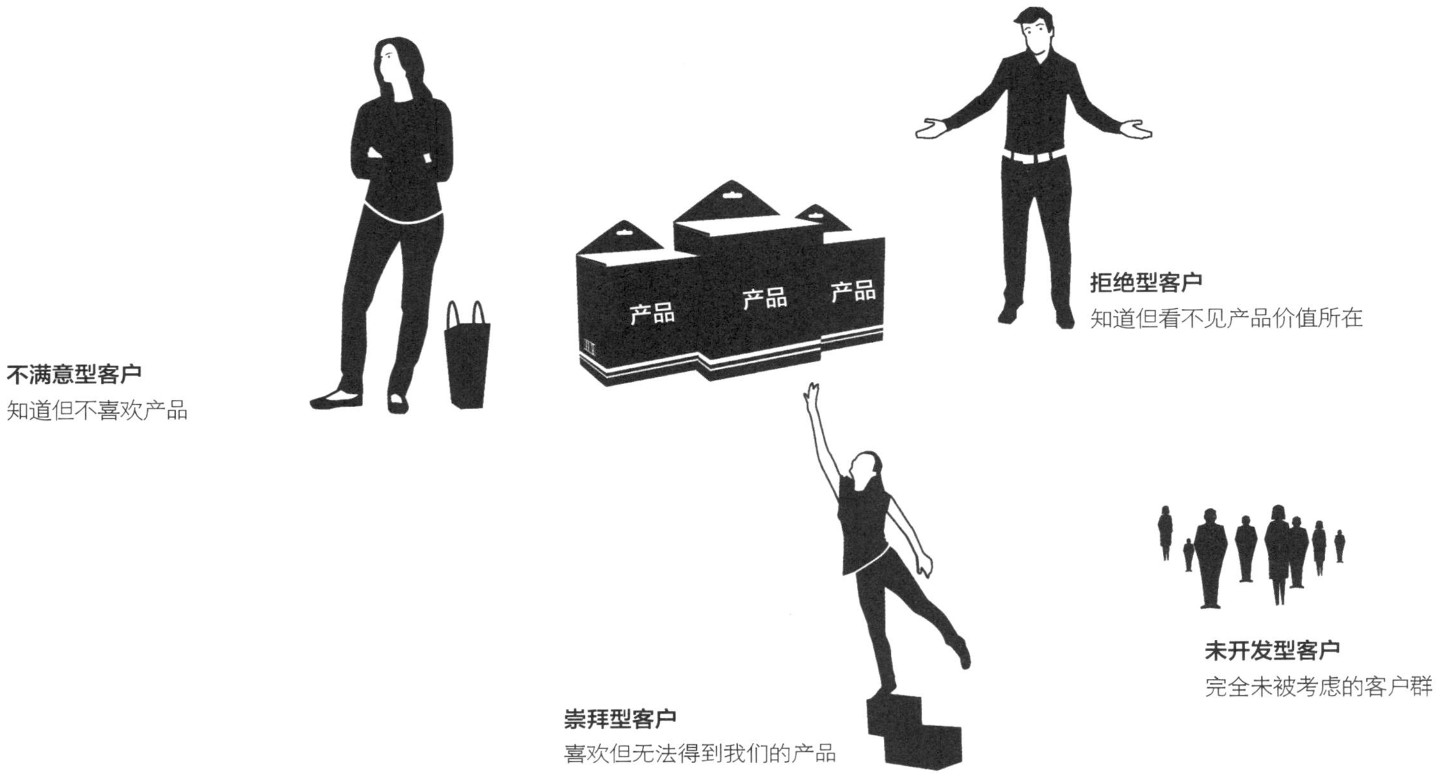
不满意型客户
知道但不喜欢产品
产品
产品
产品
拒绝型客户
知道但看不见产品价值所在
崇拜型客户
喜欢但无法得到我们的产品
未开发型客户
完全未被考虑的客户群

客户和非客户

崇拜型客户

第二个潜在客户群体是崇拜型客户，他们对你的产品感兴趣，但由于种种原因无法消费你的产品。崇拜型客户需要克服各种消费障碍。很多仅仅是个人原因造成的，如买不起产品、因为空间或其他原因无法获得你提供的服务，又或者这些客户未能掌握购买或消费你的产品所需的技能，抑或无法参与你们公司的任何商业活动等。克服这类难题的公司有比利时凯那波利斯电影城（Kinepolis），它们意识到存在着一个巨大的家长观众市场，家长们喜欢看电影，但观影时无人照看孩子，因而妨碍了购票观影。为此，该公司设计了凯那波利斯儿童计划，在家长们欣赏影片时，影城会为他们的孩子安排游戏和娱乐活动。

拒绝型客户

我们将第三个潜在客户群体称作拒绝型客户。这些人了解你的产品或服务，但就是拒绝购买。可能他们觉得你的产品或服务与他们不相干，或者对于他们没有价值，或者价格太贵，抑或他们感觉你的产品使用起来过于复杂，无法使用，甚至觉得它对环境有害等。例如，年轻一代往往拒绝买车，因为他们不再觉得车是一种社会身份的象征，他们感觉没有必要拥有一辆车。他们拒绝花钱买一辆很少需要开的车。像梅赛德斯-奔驰下属的Car2Go或Zipcar这样的企业就是为招揽这类拒绝型客户而建立的，以便设计对他们有吸引力并且能满足他们临时用车需求的产品。

未开发型客户

最后一个潜在客户群体是未开发型客户。这些客户是你所在行业未曾想过要为其提供服务的潜在顾客。你没有想过要为这些客户提供服务的原因可能是你的公司始终认为他们对你的产品不感兴趣，或认为他们是属于其他行业的客户，抑或觉得他们无法为你的公司带来较大的商业效益。《蓝海战略》的作者金教授与莫博涅教授以牙齿美白产品为例来说明这一点。多年来，牙齿美白产品都被认为仅限牙医使用，但口腔护理消费品公司对一些非客户进行了需求调研，发现他们都希望能够获得安全、优质和便宜的牙齿美白解决方案，进而挖掘到那些有待开采的潜在需求。另一个例子来自欧洲传媒公司德国广播电视集团。在过去，初创公司和中小型企业总被认为无利可图，负担不起价格昂贵的电视广告，所以没有人想过将它们看作潜在客户。

不同类别客户群体的划分界线并非固定不变的。以客户的视角来看，某个客户可能是一位崇拜型客户，但如果换成公司的视角，这个客户可能是一位未开发型客户，因为你总认为这个客户群体对于你的企业而言无利可图。但这没有关系，重要的是，从现在起你要记住这些不同的客户和非客户群体，并开始挖掘他们身上蕴含的企业成长的机遇。

如何才能挖掘这些客户群体身上蕴含的成长潜力？

客户和非客户

了解客户需求、期望和选择

要开发出可以提高企业成长潜力的新产品，你需要清楚确定新的潜在客户群体，了解他们的需求、选择购买消费你的产品的驱动因素，以及他们期望的解决方案。

从客户需完成的工作（Job-to-be-done）这一构架思考有助于了解客户需求。关注客户需完成的工作这一理念最先由哈佛商学院已故教授西奥多·莱维特（Theodore Levit）提出，他曾经说："人们其实不是想买一个1/4英寸[①]的钻头。他们只是想要一个1/4英寸的洞！"后来，咨询师托尼·乌尔维克（Tony Ulwick）借用且进一步弘扬了这个理念，并得到了哈佛商学院的克莱顿·克里斯坦森教授的推广运用。

其基本理念是，客户不是因为想拥有产品而购买产品，而是因为他们希望利用产品来实现自己的目标（完成一项或多项他要完成的工作）。购买（雇用）产品只是达到目的的手段而已。把莱维特教授的思维延伸一下，我们可以由此推断，人们并非特别想钻一个洞，而是希望用这个洞来挂一幅画。了解了这种需求后，德国化工公司 Tesa 开发出了自粘挂钩和自粘胶条来替代钉子和螺钉，从而免除了在墙上钻孔，客户也不需要购买价格昂贵的电钻，也没有钻墙、对准钻孔、清理灰尘等烦恼了。所以，要完成的工作是指既定情境下的问题需要解决并达到想要的结果。一旦你了解了需求及其重要性和特点，辅以满足这类需求的流程，你就能够确定和设计出成长的机遇。企业成长战略的实质就是要满足客户的需求和心愿，从而实现客户、企业以及其他相关合作伙伴的价值最大化。

① 1英文≈2.54厘米。——译者注

如此，你是否应该只向现有客户询问他们想要和需要什么呢？汽车大亨亨利·福特说："如果（在发明汽车前）我问消费者他们需要什么样的交通工具，他们会说一匹更快的马。"

不要只问客户想要什么，要去问他们想要达到什么目的，他们的需求是什么？他们运用哪种解决方案？背后的原因是什么？他们对于好的或更好的解决方案有什么期望？要注重想实现的目标、要取得的结果、客户的体验，以及客户获得结果的过程。理解了这些，便可真正了解客户的需求。除调查客户的潜在需求之外，还要考虑客户目前运用哪些解决方案、产品和服务来满足这些需求。弄清楚他们运用这些解决方案、产品和服务而非其他替代品的动机是什么，他们做出这些选择的动机又是什么。

亨利·福特的客户可能想过要跑得更快的马，但他们或许还想要乘坐更舒适、更便利的车辆，不需要太多维护保养的车辆，甚至可能是更便宜的车辆。观察客户，自己先试用产品和服务，实际经受客户体验，往往能发现类似这样的特性，从而打开新的机遇之门。

以客户视角来发现需求

以下这些问题会帮助你发现客户的基本需求：

- 需求、目标或要完成的工作有哪些？
- 客户想要取得的结果是什么？
- 结果有什么特征？
- 什么对客户是重要的？
- 何处、何时及何种情况下会出现这些需求？
- 为什么会出现这些需求？
- 为什么这些需求对客户如此重要？

发现选择背后的动机

以下这些问题会帮助你了解影响客户选择的要素和动机：

- 客户在何处、何时及何种情况下购买、使用、消费你的产品？客户在何处、何时及何种情况下不理会你的产品？
- 需求出现时，客户会消费哪些产品和服务？
- 客户为何购买那些产品或服务？
- 客户和非客户考虑、购买、使用哪些替代产品？原因何在？他们在何种情况下转向那些替代品？
- 客户没有使用哪些产品和服务？原因何在？
- 客户使用各种产品的情况如何？

客户和非客户

了解客户需求、期望和选择

克莱顿·克里斯坦森教授曾讲过一个例子，一家快餐食品公司了解到，清晨顾客购买奶昔的原因与口味、杯型尺寸或吸管设计无关。为了增加实体店销售额，该公司派人去观察顾客。观察者看到，在清晨，大多数顾客只是从快餐店带走一杯奶昔。观察者询问他们为什么买走一杯奶昔（动机），以及他们下一步行动是什么（情境）时，顾客表示，他们只是想喝点饮料和采取一些措施，好让早晨乘坐长途通勤车期间多点乐趣，又可以在午餐前不会饿肚子。相比甜甜圈、糖果、水果或其他替代品，奶昔能更好地满足顾客的这一需求。

你可能不仅想要了解客户需求，还想要了解产品被购买或使用时的情境。在奶昔的这个例子中，情境是在清晨，人们进入商店购买奶昔，带着奶昔离开快餐店，马上回到车内。

了解客户为何及何时购买某一款产品而非另一款产品，是一种可以开辟新的细分市场的方法。不要只考虑典型的细分标准，如年龄、性别、收入等，奶昔顾客可以分为“早晨顾客”和“需要补充能量的午后点心的顾客”。按照需求和情境进行市场细分不仅能让你的客户群体更易描述，而且使你能够建立起针对性极强的价值主张。去餐馆可能主要是为了满足进食需求，但是很多时候还是为了交际、与朋友共进晚餐、与配偶共度浪漫时光等。使用智能手机的主要动机多半是为了获得或传达信息，但有时候不过是为了在机场候机、排队等候时消磨时间，避免无聊。因此，需求可以分为功能需求、社会需求或情感需求。例如，汽车不仅满足了交通的功能需求，而且满足了安全或舒适驾乘的情感需求，还有可能满足得到朋友同事认可的社会需求。

把选择、需求和使用体验视觉化的一个好方法是绘制“客户旅程图”。客户旅程图有助于明确展示客户真正想要达到的目的，以及他们要达到目的就必须采取的各种措施和行为。

绘制客户旅程图的典型步骤包括认识需求、了解潜在的解决方案，评价和选择特定的产品或服务、购买产品或服务，还有将其带回家或接收外卖的过程，使用、维护以及用后如何处置等内容。

客户旅程图中描述的每个步骤都有可能强化客户体验，为客户创造价值，让他完成要做的工作，如果你在这方面比别人做得更好，那就可以提升企业成长潜力。一旦了解了客户的需求以及满足这些需求时客户的体验后，你就会发现是什么妨碍了客户获得满意的客户体验了。

三种类型的客户需求
功能需求
钻一个孔。
情感需求
挂一幅家人的照片。
社会需求
增进与家人的感情。

客户和非客户的三种需求

客户旅程中的需求

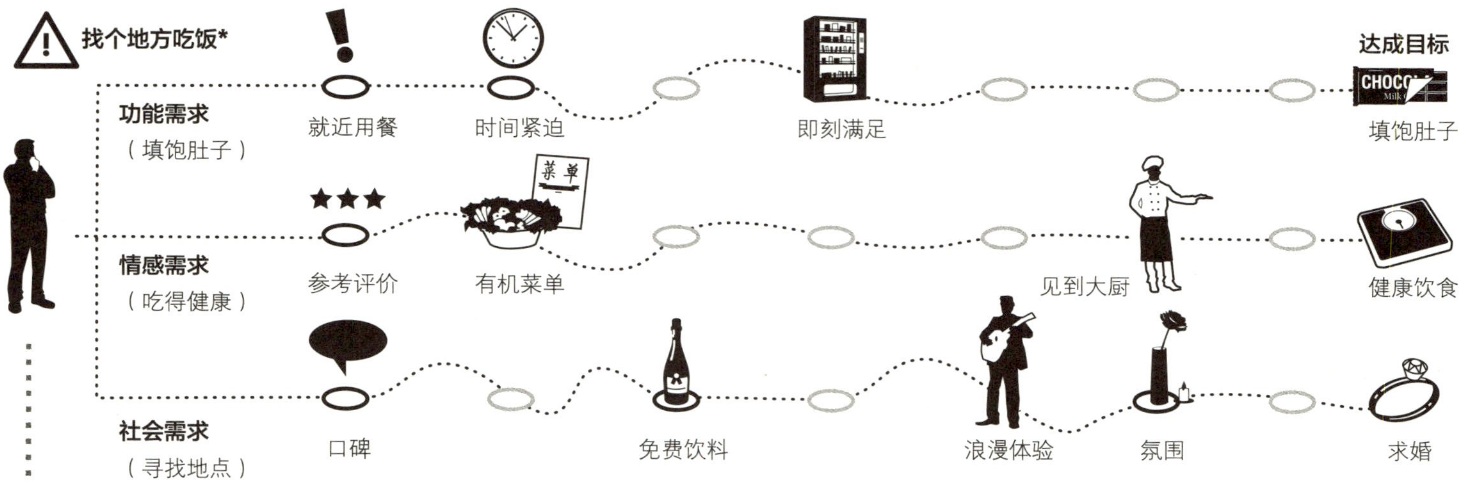

*根据不同的背景、动机和约束因素，可能有无数个途径。

客户体验与客户旅程对照图

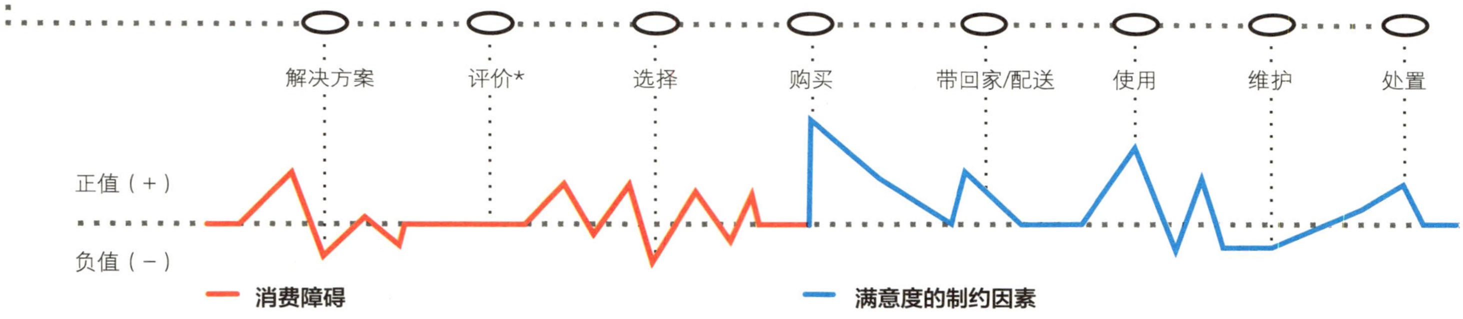

*评价期间，确定对购买后体验的期望。

确定消费障碍及满意度的制约因素

深入了解客户和非客户及他们的需求后，你必须弄清是什么妨碍了你选定的客户群使用你的产品或服务来完成他们要做的工作，又是什么让他们无法获得满意的客户体验。

当客户遇到自身需求并感受到你的产品或服务后，便开始了客户体验之旅，在购买期间，他一直持续体验着你的产品和服务，直至不再使用这些产品或服务。在整个过程中，客户会碰到各种障碍、挑战和拦路石。要说服现有客户和获得新的客户，你需要消除这些障碍。

一定要找出妨碍客户起初购买和 / 或使用你的产品的**消费障碍**，同时也要确认客户购买和 / 或使用你的产品时的**满意度的制约因素**。

典型的消费障碍包括以下几方面。

- **经济障碍**：只是买不起你的产品。
- **时间障碍**：没有足够的时间经历整个客户之旅。例如，寻找或交付你的产品可能耗时过多，或交货等待时间太久。
- **资源障碍**：缺乏必要的资源来发现、评估、购买、运输、储存和持有你的产品。例如，客户可能没有足够大的车辆将新买的电视机运回家，或企业客户没有必需的仓储容量来储存你要求他们购买的最低数量的物品。
- **技能障碍**：购买者可能不具备操作你的产品所需的技能，或者可能是你的网上订购系统太过复杂，导致购买者无法完成订购。

客户和非客户 确定消费障碍及满意度制约因素

- **接触途径**：购买者可能没有途径获得你的产品。
- **风险**：你的产品或服务可能超出购买者的风险预测范围。例如，用户网上购买未亲眼看到的产品，预订一家之前从未下榻过的酒店等，较高的成本或投资会带来很高的风险。
- **知识**：购买者完全不了解产品，或购买者没有鉴赏你的产品或服务的相关知识或教育背景，甚至缺乏做出明智选择的知识。

询问非客户为什么没有选择你的产品，或者问他们向哪些公司购买产品及其原因，这样比较容易发现消费障碍。

你怎样识别这些非客户呢？如果你的客户是企业，你或许知道哪些公司未购买你们的产品，你很想将它们招揽为顾客。你通常会知道客户向你购买某些产品，而非其他产品。

你还可以查看其他行业或你所在行业的战略团队，了解你的客户为满足自身需求所使用的替代产品。例如，倘若你经营的是酒店业务，你可能想询问其他同类酒店的客户，而且肯定想问客户是什么原因促使他们选择了那些更贵或者更便宜的酒店；为什么他们选择像沙发客（couch surfing）、爱彼迎、青年旅社这样的产品；甚至为什么选择宅在家中（顺便提一下，传统酒店的典型非客户就是住在同一城市的那些人）。认真了解你的竞争对手，询问它们的客户为什么没有向你购买产品。

通常，满意度的制约因素源于不愉快的客户体验（例如，不得不排队等候机场安检，飞机上座位坐着不舒服等）。实际上，客户与你的公司和产品之间的每个接触点都提供了一个提高客户满意度或造成客户不满意的机会。

一般而言，满意度的制约因素受三种需求的影响：功能需求、社会需求和情感需求。想一想产品如何满足这里的每一种需求，什么方面妨碍了满足客户的这些需求。在满足客户需求方面常见的满意度的制约因素包括：产品满足不了功能需求、产品因过于复杂而无法使用、使客户失望、产品对客户存在风险、产品引起了客户的不良意识、要花大量时间来了解如何使用和操作产品、产品使用起来令人厌烦等。

还可以从用客户旅程图来了解满意度的制约因素。在每个接触点，询问客户在客户旅程上所面临的困难、高昂的代价（经济上和感情上）、危险，又或者问他们到底有多容易使用、方便和实惠。

典型的满意度的制约因素包括以下几方面。

- **认知和选择困难**：很难找到和比较产品；产品较为复杂；难以做出决定；由于产品种类太多而难以决定购买哪一款产品。
- **购买**：难以找到可以购买产品的地方；订货流程复杂；支付方式不方便或难以配送。
- **使用**：使用复杂，需要特殊的专业知识或技能，要求使用者花费很多心思或做出妥协。
- **配件和维护**：需要补充配件以保证产品的正常使用；但是配件价格昂贵，需要单独购买；维护成本较高，而且只能由经过培训的专业人员进行维护等。
- **废置处理**：使用产品后造成大量浪费，难以处理；产品用后处理起来不方便；需用特殊手段处理产品并导致成本（包括经济成本、时间成本、情感成本）的产生；使用者用完产品后，不知道如何处理废置部分。

找到这些满意度的制约因素，对了解客户需求很重要。以到餐厅用餐为例，客户的主要诉求是功能需求（即填饱肚子），等候时间过长就是一个满意度的制约因素。如果你的需求是社会需求（即你想与朋友多聊一聊），快速服务反而可能会让你烦恼，因为这样你就没有多少时间和朋友畅聊了。只有了解客户想要什么，以及为什么客户使用（或不使用）你的产品，你才能找到消费障碍和满意度的制约因素，然后设计出让客户喜欢和满意的产品。

下面有两个启发性案例说明了如何通过了解客户需求、期望和当下体验来引出新的成长战略。

启发案例

卡地纳健康公司：提升客户体验

卡地纳健康公司（Cardinal Health）一直以用户为中心，坚定不移地致力于从改善客户体验中发现机遇。公司成立于1971年，创立伊始是俄亥俄州哥伦布市的一家食品经销商。自1979年起新增医药销售业务，四年后公司成功上市。公司不断扩大产品范围，于1987年出售了食品销售部门。如今，公司排名财富五百强企业第26位，是一家市值1030亿美元的医疗卫生服务大型企业，在四大洲拥有34 000名员工。

公司大力发展医院外科手术设备业务，发现了客户体验周期中的障碍和制约因素。普通外科手术工具包随程序和医生偏好有很大变化，涉及大约200种产品。长期以来，医院会在医院库房中存放数千种不同产品，在手术前人工挑选，装在托盘上送往手术室。这个过程成本很高，耗时较长且容易出错。

于是，公司开发了一个线上订购产品系统，使外科医生能够提前挑选他们喜欢的设备和用品，理顺手术流程。然后，在手术当天早晨用无菌包将特殊手术所需的各种用品运往医院，手术用品严格按照使用顺序进行包装运输。

公司通过提供解决方案提升了客户体验，即针对客户的特殊要求打造了一个数字化门户网站，使订购流程更加简单便利，从而更好地满足了客户的需求。通过认真观察客户体验，关注让客户失望的点，找到帮助客户更轻松地完成工作的办法，同时享受更好的客户体验，促成公司的业务增长。

哈里斯兰登医院：发现客户需求

通过认真聆听生态系统的反馈，瑞士哈里斯兰登私立医院开发了全新的商业模式，以更好地满足利益相关者的需求。当丹尼尔·利特克博士（Daniel Liedtke）成为医院的新任总经理后，他做了两件事。他在上任后头 100 天先与医院内部和外部的利益相关者进行了大约 70 次会谈。根据组织评估，他确定有必要重新考虑医院的商业模式。为此，他组织管理团队进行了一次探索之旅，以了解谁是医院的客户，以及他们为什么选择这家医院而不是选择瑞士其他 300 家医院。

通过整合对患者和医生的个人访谈、对患者进行调查以及对医院业绩和满意度驱动因素进行二次研究的结果，哈里斯兰登医院提出了三个重要的见解。

第一，实际上，主要是家庭医生以及其他咨询医师选择了这家医院，而不是患者。所有这些推荐人被定义为新的客户群体，医院特别向他们告知医院可提供的临床医疗服务，增加他们的参与度。

第二，推荐人选择这家医院是因为它能为客户提供优质的服务，并且在高度专业化的医学领域拥有良好的声誉。因此，可以形成一种新的商业模式，确保吸引更多的专业外科医生到哈里斯兰登医院工作。

第三，院方知道，一旦患者入院，医疗服务（如饮食和个人服务）比医疗服务本身对提升患者的满意度更为重要。

所以，医院的服务增加了接待服务（有关哈里斯兰登医院战略的更多详情参见第 3 章）。

如何了解你的客户和非客户

搜集信息

你如何开发和了解你的客户和非客户？你需要先搜集信息，进行观察，建立研究主题，然后将调查结果转化为洞见。不要依赖传统的市场调查方法。走出去和真正的客户交谈，观察他们，将自己当作客户，进行客户体验。个人参与和互动将成为真正发现客户需求、动机、体验和失望的关键点。我们还建议你自己进行访谈，而不是雇用市场调查公司替你了解客户。你也可以采用二次调研或大数据定量分析来弥补不足之处。如果你的公司人员能够与客户亲自接触，客户会感到更受重视。

从个人、团体或专家访谈开始，许多活动能够帮助你搜集信息。要对你的客户进行某些直接观察，你可以走出去，在客户所在环境里观察他们，你甚至还可以深入客户所在的利益相关者关系网中观察他们。有时候，你公司以外的这些人脉、机构或公司网络是真正的创新之源。当然，你们公司内部也可能拥有这些网络。另一个更有效的观察方法是将自己深入到被观察的环境之中去，作为“旁观者”，或通过参与客户的实际过程来直接体验使用者的使用旅程。

重点就是要走出去！在新的地方寻找灵感。观察与你的机遇相关的体验、需求和行为。思量这些条件在其他什么地方和什么时候出现，并进行观察。

你有可能产生全新的观点和宝贵的见解。这种主动行动和参与对发现机遇至关重要。

信息搜集活动

进行观察，建立主题

一旦你发掘出广阔的商业机遇，就通过“分析观察重点”活动将观察结果综合归纳成关键要点和主题。将你在商业环境中搜集到的关键信息呈现出来，呈现的形式可以是：简单的故事、访谈引述、实地调查笔记。与你的团队一起组织你们的想法，总结出可用于企业研讨会的要点。这个过程可能要花费一些时间。

你会通过实地调查搜集这些故事，与其他人分享，并理解所有信息和灵感的意义。

然后，将最有趣的实地调查结果按主题进行分类。

将调查结果转化为洞见

当你和队友搜集到了所有的信息后，你需要思考并采取各种行动来理解这些信息。想要清楚了解客户和非客户群，需要进行换位思考，你可以将自己观察到的客户类型绘成“消费者轮廓图”。这个方法在获得见解和构建策略方面特别有用。根据消费者轮廓图，你可以采取讲故事和可视化方式来传达客户需求，说明要克服的消费障碍和满意度的制约因素，清楚说明要完成的核心任务。

启发案例

涟漪效应集团：人本设计方法

The College 是一家医学研究生教育产品的提供商，负责培训和评估医生，帮助他们在广泛的专业领域继续职业发展。The College 认识到自己的教育产品需要进行战略评估，才能开出综合技术与网络学习的创新型学习方法，以适应愈加复杂的环境。

The College 邀请涟漪效应集团来评估其服务，并制定新的在线学习战略，以便在将来提供和支持研究生计划，为实习医生带来更高的价值。评估包括三个阶段：探索阶段、归纳数据与观察所得结果阶段和提出建议阶段。

第一阶段：探索。为了深入了解相关人员以及医学教育设置的复杂性，在项目的第一阶段，可通过人本设计研究方法来了解关键的要素。

涟漪效应集团通过为期三个月的客户调研，快速并广泛地搜集了各种相关信息。研究小组与实习生和导师一起研讨他们的实际情况，主要在医院内进行调研。运用的技巧是直接观察查房、整天跟随被调查者、在进餐休息间歇进行详谈、参加讲座或其他教育会议、提供复习资料、参与简介会，以此获得丰富的原始数据和经验记录。

第二阶段：归纳数据与观察所得结果。研究小组利用视觉思维对照实际体验，核对并质询原始数据。

他们的目标是明确在医院的训练环境中有何具体难题、约束和挑战等，只要能找到发挥创新技巧与技术的机会，就能用其他有效方法取代现有模式。在咨询检讨会上利用这些视觉化素材，与更多的医师群体讨论，并在各种背景和体验中验证该小组的研究成果。

- **消费者轮廓图**：画出可靠的消费者图像，用这个来代表各个客户群体在不同职业发展阶段的特性，概述医学生的需求，以及采用现有产品的消费障碍和满意度的制约因素。
- **学习之旅**：重建与教育环境有关的情境，以阐明对背景环境的了解，据此开发出未来的学习课程建议。

第三阶段：提出建议。将第一阶段和第二阶段中搜集整理的信息制作成详细报告，并分析全球医学教育状况为补充。

- **现状报告**：详细说明研究成果，分析现状。
- **卓越的医学教育典范**：着重说明这个做法和产品在全球的执行成果。
- **组织分析报告**：详细说明所检讨学习计划的理论应用，提出建议，指出学院为应对未来变化，需要的人员、资源和资产。
- **未来学习课程报告**：指明核心要素与行动方针的战略式，使 The College 能够改变服务。通过视觉化力量向执行者提出建议与实施步骤，同时说明新计划方式如何在未来情境中体现和交付。

三个主要学习点

1. 以人为本的设计能够让人获得洞见，这是传统调查、焦点调研小组或访谈方法无法做到的。
2. 研究成果形成的视觉化呈现和故事化内容，有助于理解传统书面文件中因过于抽象而难以掌握的概念。
3. The College 整体生态系统的参与、投入确保研究成果经得起多方视角的验证。

其他成果

视觉化呈现成为 The College 上下沟通与互动的工具。工作组、委员会和教育设计者随时可用可靠的消费者轮廓图来验证新计划的利弊，确保所有相关问题都考虑并解决了。

活动

消费者轮廓图

消费者轮廓图有助于形成同理心，使你的团队能围绕客户 / 非客户的需求、目标、痛点和动机取得一致的看法。

活动概述

消费者轮廓图能创造出一个客户或非客户形象，有助于建立同理心，更好地理解他们的需求与障碍。

所需时间
45~60 分钟

所需材料
马克笔、便利贴和白板

活动步骤

1. 先画出目标客户或非客户的头像，给人物角色命名，添加一些个人身份信息（即职位、年龄）。可以画一个带有眼睛、鼻子、嘴巴和耳朵的简单圆圈表示人物。或者，你可以贴一张典型客户的图片。

2. 在“头像”四周划分区域，分别代表人物感官体验的各个方面。将这些方面分别标记为思考、感受、看到的、言谈、行动和听到的。

3. 给每位参与者发一叠便利贴和一支马克笔。指示他们将自己当作目标客户。在深入你想要探究的情境（例如，产品使用或购买体验）时，请记住客户的体验、动机、消费障碍和满意度的制约因素。

4. 让每位参与者写下人物在情境中所看、所说、所听或所做的事情。每张便利贴上面只写下一个想法或概念，将其贴在消费者轮廓图上的适当位置。先从人物的外在感官（看、说、听、做）写起，然后转入思考和感受。顺序是十分重要且有意义的：从具体事物开始到可观察到的有形体验，然后思考抽象的方面。

5. 一旦完成消费者轮廓图，整个小组应当回顾和讨论学到的内容。寻找归纳成组的类似信息，与关键点相匹配。对相匹配的轮廓图进行拍照记录。

资料来源：《机遇变现》的作者，灵感来自《游戏风暴》、IDEO 的“人本设计工具包”、《企业创新 101 设计法》。

1.在一张纸上画出6个区域。进行标记，如图所示。
•完成其他所有部分后，才完成这两部分的内容。
感受
思考
听到的
看到的
•记得写出你的想法！
2.简单描述客户或非客户。给人物角色命名并添加其他说明。
布莱恩，23岁，开发人员
（我们的非客户）
行动
言谈

活动

创建访谈指南

设计一个访谈指南，向个人、团体或专家搜集一组类似的信息。

活动概述

直接与人交谈是获得洞见和搜集信息的最好、最直接的办法。交谈应该以用户为中心来进行，这样能够让你对需求、期望及购买和使用障碍进行最深入的了解。

所需时间
90~120 分钟

所需材料
不需要材料，只需要你的创造力

活动步骤

1. 提出一组关于客户需求的问题。此时，不要征求可行性意见，也不要询问产品 / 服务特点。你的主要目标是通过发现客户或非客户的行为模式、价值和需求来深入了解你的客户。

2. 根据经验，访谈指南应从一些简单的身份问题（名字、职业、公司等）开始。然后，扩大范围，询问一些出人意料的开放性问题，如询问他们未来的志向，继而是他们的需求、经济状况，他们转向哪些替代方案，为什么选择这些方案而不是别的方案。

3. 一种成功的技巧是为受访者提供两个情境，让他们可以对两种概念进行比较。例如，对被采访者说，“在案例 A 中，你马上就可以获得 x 个 z。但在案例 B 中，你可以获得 y 个 z，但必须等上一些时间。你会选哪一个方案？”这对了解机遇的消费者感知价值特别有用。

4. 与其他团队成员分享访谈指南，以获得反馈，然后，进行“试驾”。进行一些访谈试验后，根据需要进行调整。把白板上所有的内容拍照留存。

资料来源：《机遇变现》的作者，灵感来自《游戏风暴》、IDEO 的“人本设计工具包”、《企业创新 101 设计法》。

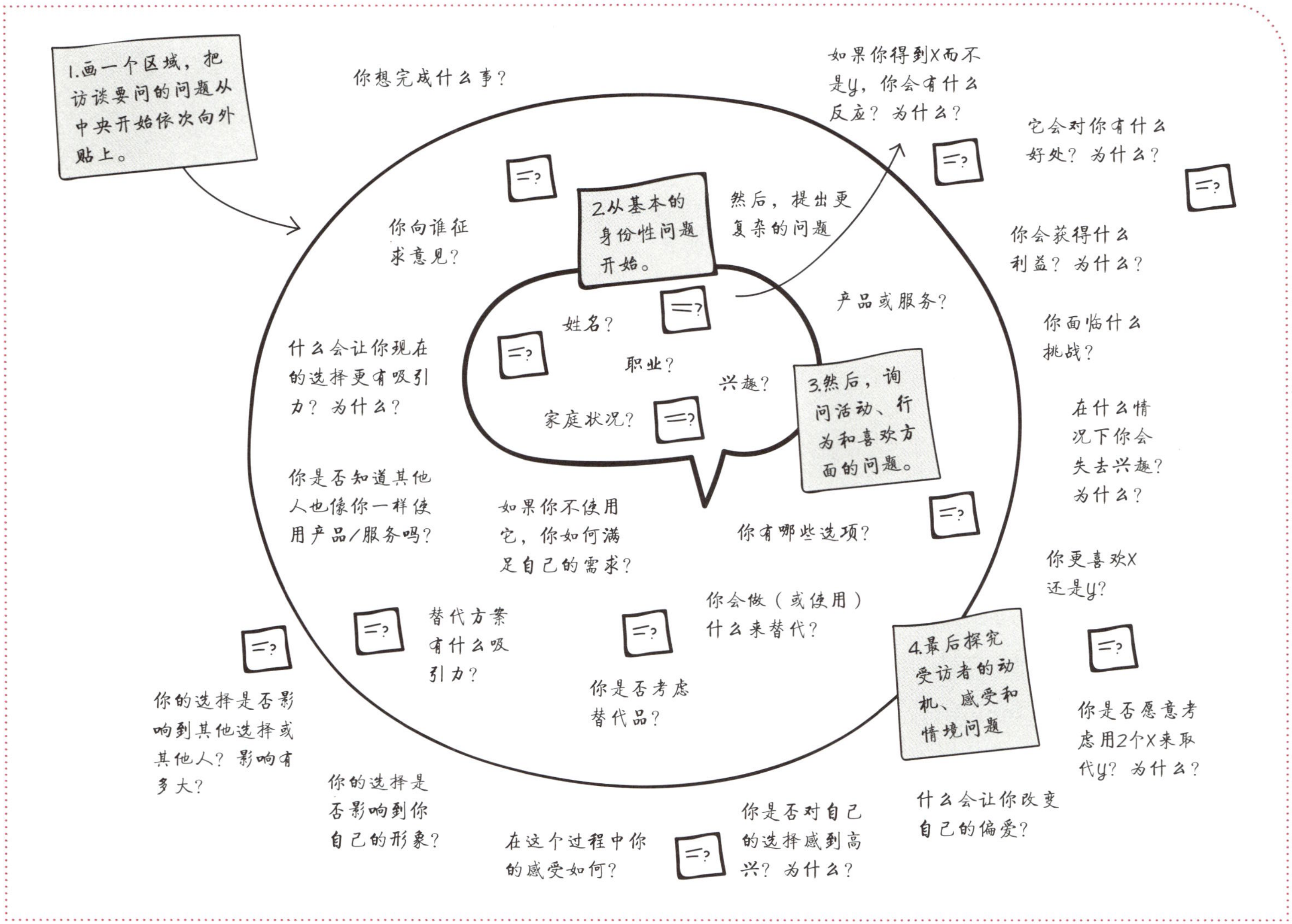
1.画一个区域，把访谈要问的问题从中央开始依次向外贴上。
2.从基本的身份性问题开始。
姓名？
职业？
兴趣？
家庭状况？
然后，提出更复杂的问题
3.然后，询问活动、行为和喜欢方面的问题。
你想完成什么事？
你向谁征求意见？
什么会让你现在的选择更有吸引力？为什么？
你是否知道其他人也像你一样使用产品/服务吗？
如果你不使用它，你如何满足自己的需求？
产品或服务？
你有哪些选项？
你会做（或使用）什么来替代？
替代方案有什么吸引力？
你是否考虑替代品？
如果你得到X而不是y，你会有什么反应？为什么？
它会对你有什么好处？为什么？
你会获得什么利益？为什么？
你面临什么挑战？
在什么情况下你会失去兴趣？为什么？
你更喜欢X还是y？
4.最后探究受访者的动机、感受和情境问题
你是否愿意考虑用2个X来取代y？为什么？
什么会让你改变自己的偏爱？
你是否对自己的选择感到高兴？为什么？
在这个过程中你的感受如何？
你的选择是否影响到你自己的形象？
你的选择是否影响到其他选择或其他人？影响有多大？

活动

客户旅程图

一张可视化的客户旅程图可以让你看到客户或非客户经历的每个阶段所发生的情况。

活动概述

在用户参与时间范围内，观察他们在社交、情感、功能和共通性等各个方面的体验，通过客户旅程进行多方面的观察。

所需时间
90~120 分钟

所需材料
创意、白板、马克笔和便利贴

活动步骤

1. 向各参与者发放便利贴和马克笔。确定好客户或非客户轮廓后，让每位参与者指出客户体验整个过程中的所有活动，包括初期的产品认知到最后采取的行动，都要逐一写在便签条上。第一次认识产品时被什么吸引住了？与产品的第一个接触点是什么？接触后的体验如何？在客户离开时，体验会发生什么变化？客户体验在某个阶段是否会扩大延伸？在白板上写下这些活动。将相关活动分在同一群组。

2. 将每一种特征或阶段都用便利贴进行命名，写在便利贴上。把便利贴作为标题贴到白板顶部。然后以条列的方式架构你的旅程，包含数个维度和认知视角。这些维度包括社会、情感和功能维度，或痛点及“精彩”瞬间。你还可以将渠道或场所维度包含在内。在便利贴上写下这些维度，并在每一行进行标记。

3. 对于每一行的维度，参与者都要考虑将其与客户之旅的每个阶段相关联。发生了什么与该分析维度有关的事情？他们思考和感受到了什么？在便利贴上写下想法，贴在对应这些角度的每个阶段里。

4. 完成后，展开小组讨论，审视所有的想法。取下重复的便利贴，精简为一目了然的可视化图。

5. 继续进行小组讨论，综合整理你在创建客户之旅时获得的主要洞见。将你的见解汇整成简洁有力又好记的完整陈述。对所有的白板内容进行拍照记录。

资料来源：《机遇变现》的作者，灵感来自《游戏风暴》、IDEO 的“人本设计工具包”、《企业创新 101 设计法》。

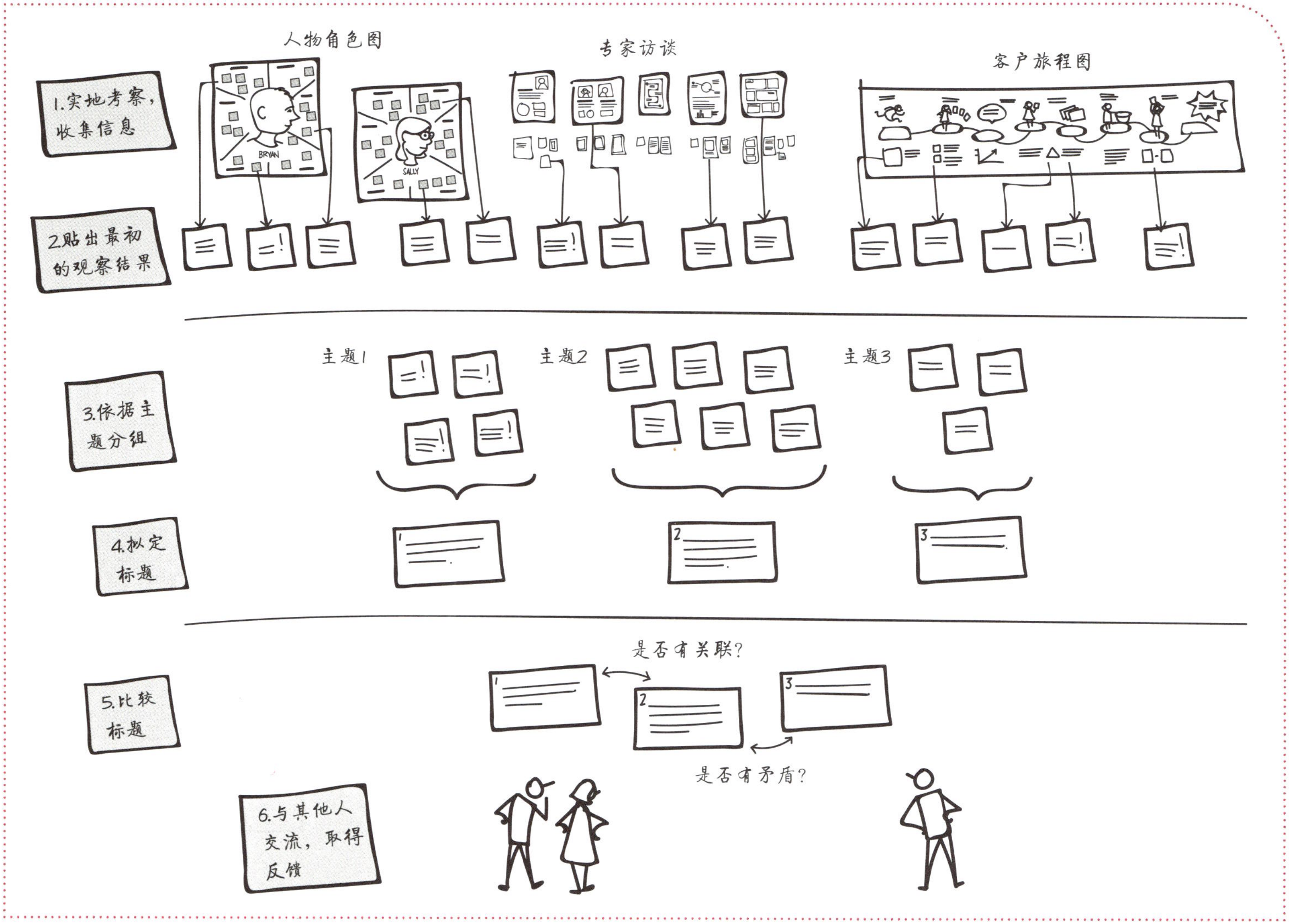
人物角色图
BRYAN
SALLY
专家访谈
客户旅程图
1.实地考察，收集信息
2.贴出最初的观察结果
主题1
主题2
主题3
3.依据主题分组
4.拟定标题
5.比较标题
是否有关联？
是否有矛盾？
6.与其他人交流，取得反馈

活动

归纳观察主题

认真了解实地考察期间搜集的所有信息，归纳主题，找出模式。

活动概述

对实地考察研究发现有初步了解，从中找出主题和模式，然后，确定观察标题，使你的团队能够设计出令业务增长的机遇和想法。

所需时间

2~3 天的准备时间，60~120 分钟研讨时间

所需材料

你在实地考察时获得的所有信息、照片和文件；白板、便利贴和马克笔

活动步骤

1. 在大型开放空间进行这个活动，在这里与大家分享实地考察的结果。准备工作可能要花费几天的时间。要留出足够的空间进行宣讲和粘贴所有的材料，这样方便查看照片、故事、视频、笔记和观察到的趣闻轶事。你可以按搜集方式对信息进行组织（例如个人访谈、专家小组和浸入式观察）。

2. 研究实地考察搜集到的观察结果。每位参与者应当选择自己发现的三四个最感兴趣或感到意外的点，将其写在便利贴上。有没有找到什么重要的“精彩点”？然后，从搜集到的观察反馈中，确定共同主题，将相同主题的便利贴分成一组。

3. 为每个主题创建一个标题。你可以自己进行或与小组完成该步骤。每个标题应该用一个完整的句子或标题摘要说清楚。与团队成员分享为什么用这个标题。然后大家选出最有意思的那个主题标题。

4. 分析你的所有标题，寻找这些标题之间的关联性和联结点。看看有没有不正确或矛盾之处？有哪些标题是相关的？什么让你感到意外，或者有什么让你感到好奇的事情？遗漏了什么？这些标题中有没有一个关键主题？

5. 在白板上贴上所有主题和标题的说明，让公司的另一个团队帮助进行评审。看看能否形成任何其他见解或说明？回顾所有观察结果和主题，把你获得的洞见汇整成简洁易记的完整陈述。最后对所有白板内容进行拍照记录。

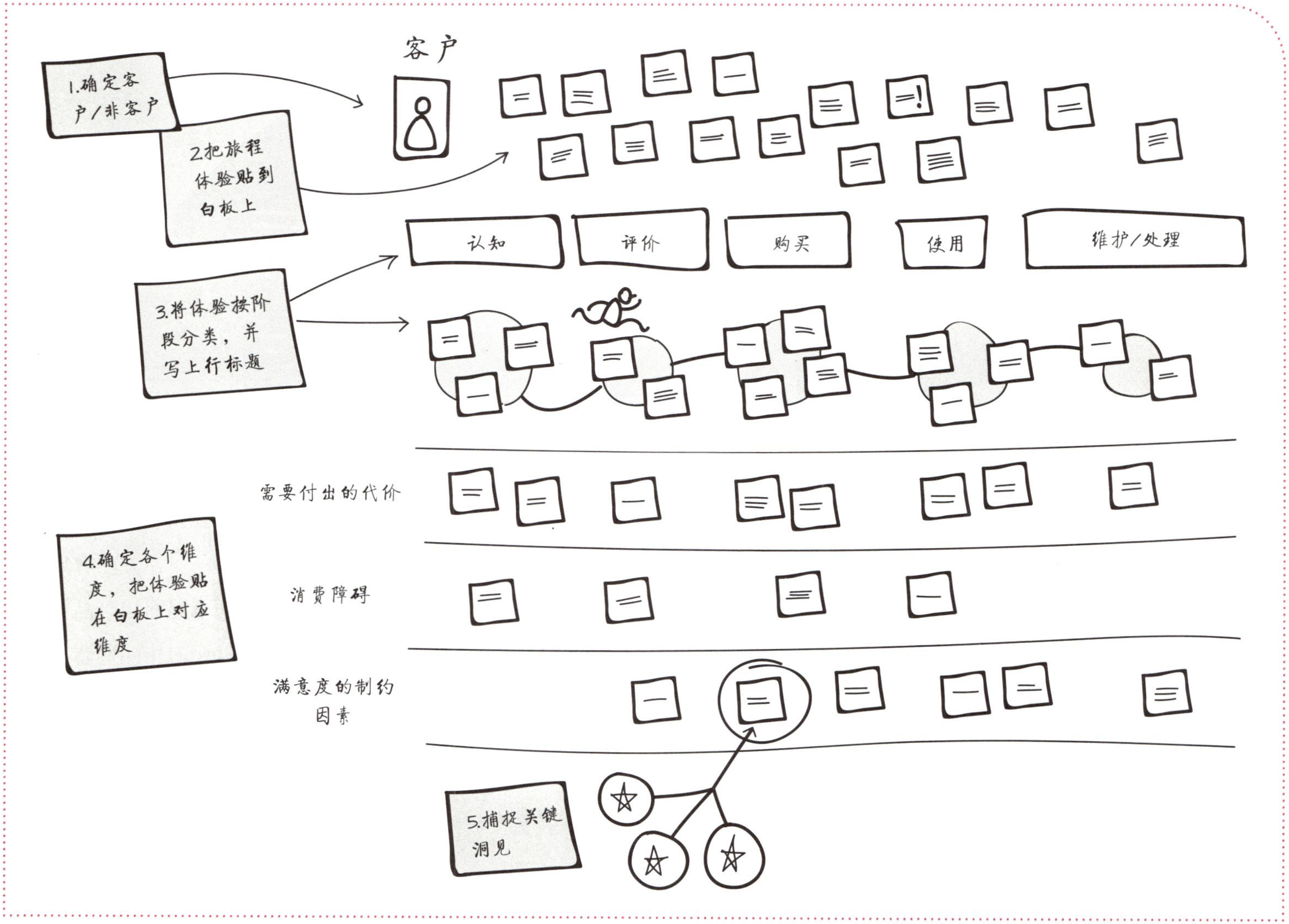
1.确定客户/非客户
2.把旅程体验贴到白板上
3.将体验按阶段分类，并写上行标题
4.确定各个维度，把体验贴在白板上对应维度
5.捕捉关键洞见
客户
认知
评价
购买
使用
维护/处理
需要付出的代价
消费障碍
满意度的制约因素

了解你的公司

了解客户和非客户，可以被看作发现成长机遇的一种外部调查方法，而了解公司则更多的是一种内部探索策略。通过内部视角寻找机遇时，现有客户和新客户仍是发现成长机遇的关键点。要做到这一点，你需要反省自己目前的产品以及最有价值的资产是什么，它们满足了哪些非客户可能感兴趣的需求，以及该如何利用这些产品和资产来满足不同的需求。

通常，了解你的公司和发现你的公司优势并不太难。一旦了解了客户选择你的原因，你就会了解自己在哪些方面做得很好。这种了解不只是知道客户喜欢哪些产品和服务，而是洞察到让你的公司与众不同的潜在技能。

例如，多数人会说，他们之所以购买苹果公司的产品，是因为其产品的设计感和简明性。苹果的产品能力主要体现在这些部分。一旦你了解了这些潜在资产，你就会在其他业务领域用到它们。苹果的产品从笔记本电脑扩展到了结合音乐播放器的电脑、智能手机甚至是具备这些功能的平板电脑上。

亚马逊公司的产品和服务特点是便利（容易订购，送货上门）、低价和低风险（几乎所有产品都可以退货）。另外，亚马逊公司拥有可以应用到其他领域的能力和资产。例如，网上书店及其便利性和低风险的特征，被应用于除书籍以外的其他商品销售中。同时，其物流运输能力和仓储资产也能被用于为中小型企业提供物流服务，解决它们对此类服务的需求。另外，亚马逊公司利用其接触网上客户的渠道和专长，为这些企业提

你的公司
了解你们公司
的优势力量

供网上平台的销售机会。网上商业模式需要大量的服务和数据处理能力，亚马逊公司利用它建立已久的资产提供亚马逊网络服务（AWS），因此满足了与网购消费者完全无关的新客户群体的全新需求。

麦当劳快餐店利用其最有价值的资产和物业来推出新产品——麦咖啡（MaCafé），以满足不同的需求和客户群。美国大连锁型书店——巴诺（Barnes & Noble）书店将其商店空间出租给星巴克及其他酒吧和餐厅来经营。

设计咨询公司 IDEO 将其设计思维方法用在教育及解决社会问题等领域。

资源和能力

想想你可以利用哪些能力和资源优势来开创新业务。要清楚你的产品和服务的核心能力是什么？公司最擅长做什么？你拥有哪些有价值的资产？你需要利用这些资产来满足什么样的客户需求？你的产品、服务和资产可以满足什么样的需求？还有哪些非客户可能有这样的需求？

典型的能力和资源有：

- 独特的销售、制造、研发能力，独特的物流运输、招聘、设计、客户服务等能力；
- 独有的客户渠道、销售渠道等；
- 忠诚客户（爱好者）基础；
- 客户、技术、竞争对手、市场等方面的知识、信息和数据；
- 与客户、供应商、合作伙伴及其他方的接触渠道和关系；
- 有效且高效的流程；
- 品牌、形象和声誉；
- 公司所处的生态系统。

典型的资产和有形资源：

- 在特别有价值的位置的不动产、土地、建筑物等；
- 独有且特殊的设备、机器等；
- 资金、收益、低成本、容易得到的廉价融资等；
- 硬件设施；
- 人力资源。

了解生态系统有助于你从一个有趣的视角来发现新的增长机遇。在促进生态系统参与者之间的合作和价值交换过程的过程中最容易出现生态系统机遇。例如，可以通过创建新的技术平台（如优步或爱彼迎），将生态系统的参与者联系在一起，新机遇便会应运而生。

更好地了解组织现有的生态系统，制定战略，开创商业模式，将生态系统的所有参与者的核心能力融入其中，同时为所有成品提供附加价值，这样才能挖掘出别的生态系统机遇。我们将在第 3 章进行更详细的论述（参见哈里斯兰登医院的启发案例分析）。

你的公司
找到你的优势

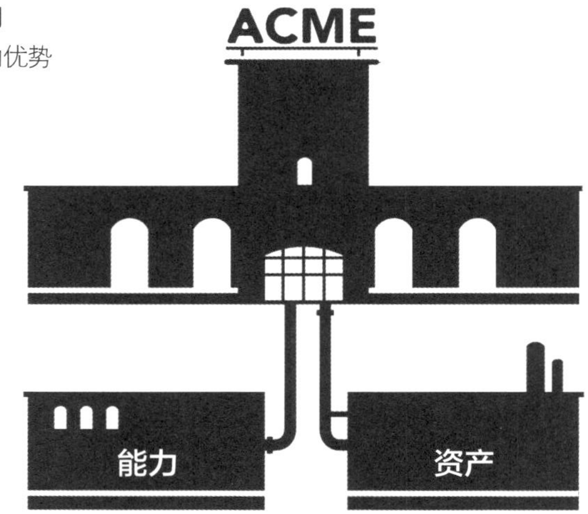

能力
找出你的能力

资产
善用你的资产和资源

启发案例

凯撒皇宫酒店：从你的资源发现新的收入

凯撒皇宫酒店由杰伊·萨尔诺（Jay Sarno）于1966年建造，是当时拉斯维加斯最豪华的酒店之一。多年来，虽然几易其主，但这家豪华酒店因为能满足顶级赌客的需要以及招揽超级巨星和承办重大活动而仍旧声名卓著。

20世纪80年代，这家豪华酒店的赌场被称为“拉斯维加斯大道皇后”。酒店娱乐演艺部门的使命是吸引客户前来观看表演和到夜总会消费，当然，他们这里经营着世界上最好的赌场。同样，酒店管理层认为，花钱请来明星表演是没有问题的，因为这些投资可以从博彩业的收入中获得补偿。

不过，酒店方渴望收入增长，希望娱乐演艺主管提出创新理念，以拓展客户群和吸引更多的观众。管理团队审查了酒店的商业模式构成，包括产品、资产和资源，研究哪些方面做得较好，最后提出了独特的新想法。

凯撒皇宫酒店有一个巨大的停车场，里面还建造了一个拳击比赛馆。酒店在娱乐演艺界享有盛誉，拥有优秀的安保、餐饮服务以及重大活动组织方面的运营专长和资源。利用这些优势，娱乐演艺团队负责人决定将酒店打造成拉斯维加斯首个开展室外音乐会系列活动的酒店，将未充分利用的停车场作为活动举办地点。他们调查了活动举办场地的规格，演艺人员可以受到周全的保护，于是酒店人员制订了活动运营计划。

“星空下的音乐会”系列活动获得了巨大的成功。成千上万的游客参与其中，品尝美食，并到赌场一试手气。凯撒皇宫酒店吸引了新的客户群，娱乐演艺部门不再只是酒店花钱的单位，而是第一次成了酒店赚钱的主力。

娱乐演艺部门不再只是酒店花钱的单位，而是第一次成了赚钱的主力。

灵感火花

资源的灵感火花

描绘和评估资源的四个维度

以下是“资源灵感”中的四个内部分析框维度 VRIO，即有价值的（Valuable）、稀有的（rare）、难以模仿的（costly to imitate）、有组织的（organized），你可以用它来发掘你的公司资源，以评估它的独特竞争力和创新能力。你会发现，通过优化你的资源，可以让其变得具有价值、不同寻常和难以模仿，并能够很好地组织以发挥这些资源的价值，从而获得极大的竞争优势。

寻找有价值的资源：

- 哪些行动能降低生产成本，但不会降低提供给客户的价值？
- 哪些行动既能增加产品或服务差异化，又能提高提供给客户的价值？
- 你的公司是否赢得过什么奖项或被认可的某些荣誉（最具创新性、最佳雇主、最高的客户关注度或最佳出口商）？
- 你是否可以获得稀有原材料或难以进入的销售渠道？
- 你是否与供应商之间具有特殊的关系，如你们使用独特的软件支持的综合订货和配货系统？
- 你是否拥有掌握了独特技能和能力的员工？
- 你的品牌是否拥有品质、创新和客户服务方面的声誉？
- 你是否比你的竞争对手更好地完成了任务（有标杆作用的）？
- 相比竞争对手，你的公司在任何其他方面是否具有优势？

寻找你的稀有资源：

- 业内有多少别的公司同样拥有这些资源或能力，具有同样的业务能力？
- 竞争对手能否轻易在市场上购买到这些稀有资源？
- 竞争对手能否在不久的将来获得同样的资源或能力？

寻找难以模仿的资源：

- 别的公司能否轻易复制这些资源？
- 竞争对手能否轻易开发出替代资源？
- 专利权是否起到了资源保护作用？
- 某种资源或能力在社会应用上是否会产生麻烦？
- 是否难以从这些资源上定义出特殊流程、任务或其他因素？

良好组织，善用资源：

- 你的公司是否具有有效的战略管理流程？
- 有没有建立有效的激励和奖励机制？
- 你的公司是否具有奖励创新的理念？
- 是否有专门的组织架构利用好资源？
- 有没有卓越的管控系统？

了解公司的方法

我们设计了一系列活动，你可以利用它们更好地了解你的公司及其优势、劣势和可能面临的机遇。第一个活动是描绘你的有形和无形资源，让你真正了解你的公司在什么方面做得较好，以及你的公司必须利用的独特资产是什么。有形资源是一种你可以触及的立体的实物。无形资源无法通过任何人类感官进行察觉。就像做饭一样，重要的是要了解你要使用哪些材料才能创造新的机遇，以及打算花多长时间来完成。

了解过程的第二个活动是描绘你的公司的生态系统。詹姆斯 · F. 摩尔（James F. Moore）于 1993 年第一次将商业生态系统定义为“一种由互动性组织和个人（商业世界的有机体）基础支持的经济共同体”。了解你的生态系统对于你组织、运营和规划未来具有重大的影响。通过描绘你的生态系统，你可以帮助公司提高效率、管理风险、制定新的创新增长战略。同样重要的是，利用你的生态系统模型，你还可以确认关键环节，以便探索测试你的机遇。虽然有些人认为这种练习会带来一系列限制，但越来越多的研究认为，这种制约将带来灵感、创造力和新发现，从而带来创新和成功。

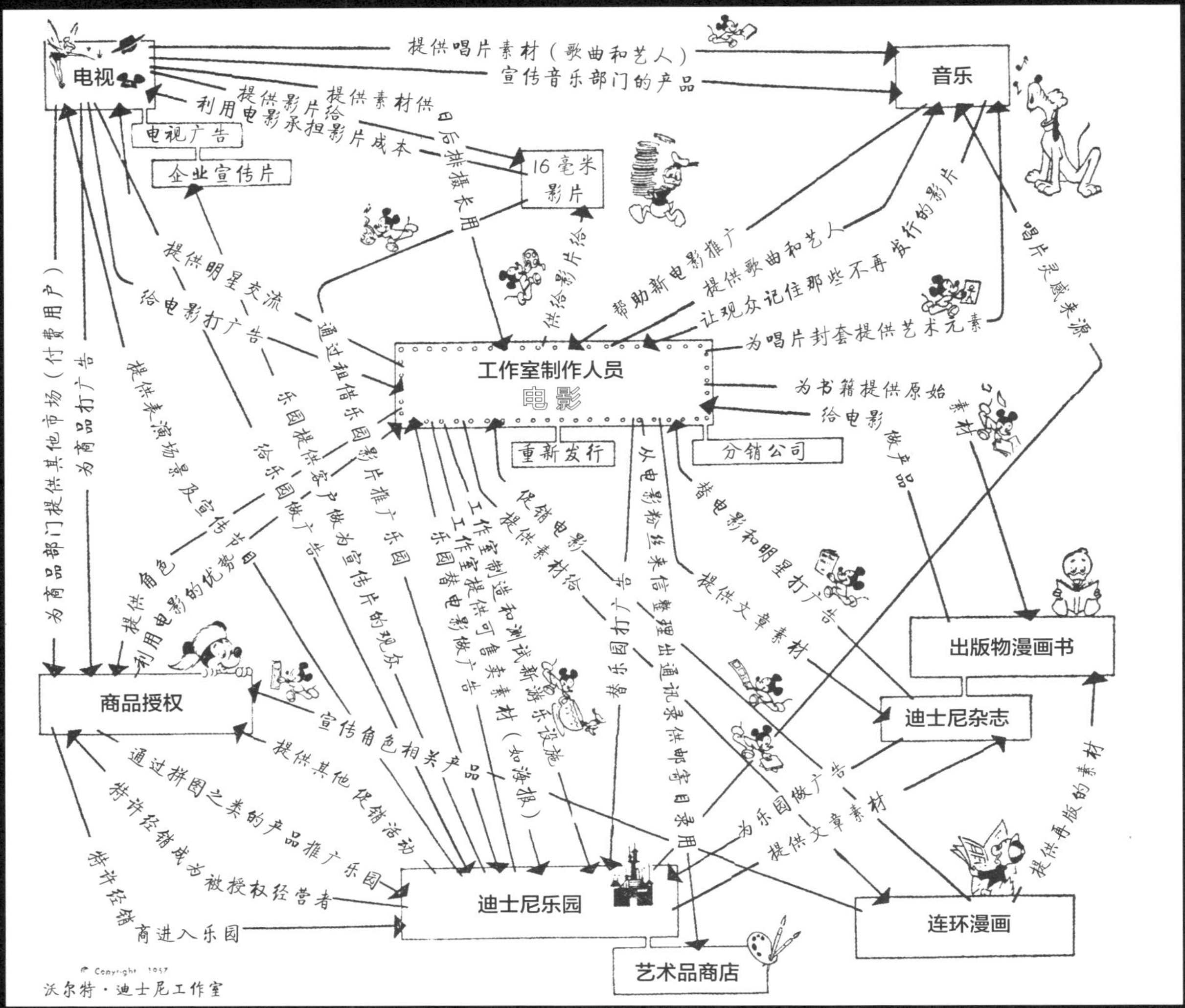
电视
音乐
工作室制作人员
电影
16毫米影片
电视广告
企业宣传片
重新发行
分销公司
出版物漫画书
迪士尼杂志
商品授权
迪士尼乐园
艺术品商店
连环漫画
提供唱片素材（歌曲和艺人）
宣传音乐部门的产品
提供素材供日后排摄长用
提供影片给
利用电影承担影片成本
提供明星交流
给电影打广告
通过租借乐园影片推广乐园
乐园提供客户做为宣传片的观众
给乐园做广告
提供表演场景及宣传节目
为商品打广告
为商品部门提供其他市场（付费用户）
提供角色
利用电影的优势
帮助新电影推广
提供歌曲和艺人
让观众记住那些不再发行的影片
为唱片封套提供艺术元素
唱片灵感来源
为书籍提供原始素材
给电影做产品
替电影和明星打广告
提供文章素材
从电影粉丝来信整理出通讯录供邮寄目录用
替乐园打广告
促销电影
提供素材给
工作室制造和测试新游乐设施
工作室提供可售卖素材（如海报）
乐园替电影做广告
宣传角色相关产品
提供其他促销活动
通过拼图之类的产品推广乐园
特许经销成为被授权经营者
特许经销商进入乐园
为乐园做广告
提供文章素材
提供再版的素材
© Copyright 1957
沃尔特·迪士尼工作室

活动

绘制你的资源地图

确定你的公司擅长的（无形资源）且具有独特性的资产（有形资源）。

活动概述

绘制你的资源地图有助于判断公司的优势和能力，从而确定你的竞争优势。

所需时间
60~90 分钟

所需材料
马克笔、便利贴、白板、资源卡片

活动步骤

1. 下载或打印一套资源卡。在白板上列出六栏，分别标上标题：资源、有价值的、稀有的、难以模仿的、有组织和竞争优势。以下资源一栏标签的上半部分表示有形资源，下半部分表示无形资源。

2. 让参与者思考公司的有形资源和无形资源，在每张便利贴上面写下一种资源。使用资源卡上的项目列表能够有效获得灵感。有形资源是一种你可以触及的实物。无形资源不能通过任何人类感官察觉到。将资源贴在“资源”一栏。

3. 现在，浏览每一种资源，在“VRIO 内部分析框架”的每一栏中标记 X，标明该资源的品质：

- 有价值的。如果某种资源使公司能够利用机遇或防止遭受威胁，从而为公司增加价值，则可确定其为有价值的资源。
- 稀有。极少数公司才能获得稀有资源。
- 难以模仿的。另一家公司没有这种资源，或无法以合理的价格模仿、购买或替代这种资源。
- 有组织性的。你的公司有组织地发挥这种资源的价值。

4. 用四个维度来分析每种“资源”的表现。从“有价值的（资源）”开始，从左往右进行分析。如果不是有价值的资源，则可以进行外包，因为它没有为公司带来价值。如果不是稀有资源，公司不会比竞争对手差。如果不是成本高昂的或难以模仿的资源，其他公司可能尝试在将来进行模仿，你的公司在这方面就会失去竞争优势。如果你不能让公司有组织地发挥资源的价值，那么资源对于你的公司就会变得昂贵。最后，如果你的公司能够管理好资源优势，并有序执行，你就会拥有极大的竞争优势。

5. 浏览评估结果。思考你的资源优势：哪些可以外包、替换和改进？将你的重要洞见汇整成简洁易记的完整陈述。最后对所有白板内容进行拍照记录。

资料来源：以杰伊·巴尼 1991 年在其著作《公司资产和可持续性竞争优秀》（*Firm Resources and Sustained Competitive Advantage*）提出的 VRIO 框架为基础。

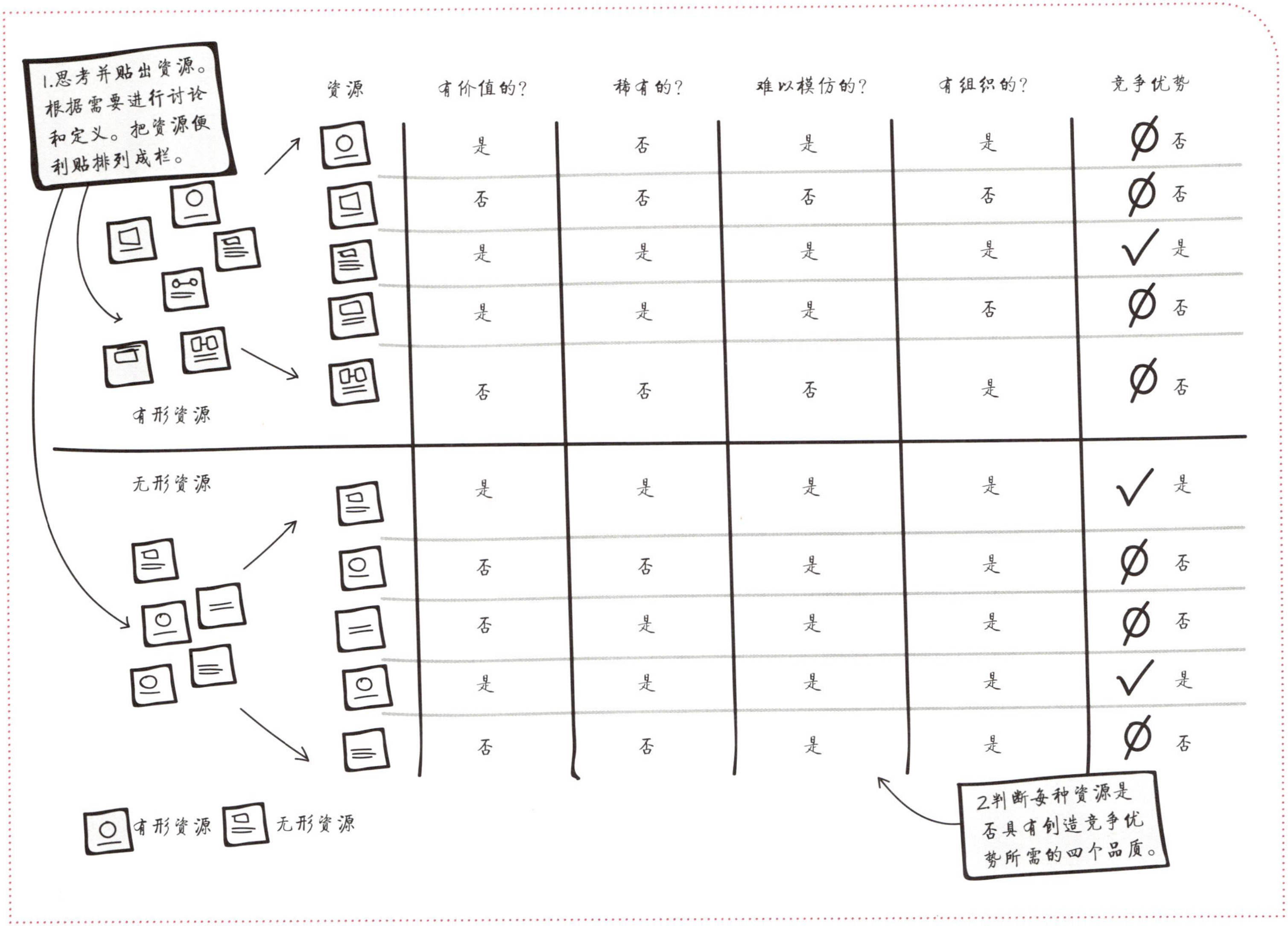
1.思考并贴出资源。根据需要进行讨论和定义。把资源便利贴排列成栏。
有形资源
无形资源
资源
有价值的？
稀有的？
难以模仿的？
有组织的？
竞争优势
是 否 是 是 否
否 否 否 否 否
是 是 是 是 是
是 是 是 否 否
否 否 否 是 否
是 是 是 是 是
否 否 是 是 否
否 是 是 是 否
是 是 是 是 是
否 否 是 是 否
2.判断每种资源是否具有创造竞争优势所需的四个品质。
有形资源
无形资源

活动

绘制生态系统图

运用对利益相关者角色（节点）、活动（关联）和可交付成果（另一种节点）三大要素的描述来创建基本的生态系统图。

活动概述

将你的商业生态系统可视化，以了解利益相关者（角色）、可交付成果和活动之间的相互关系。

所需时间
60~90 分钟

所需材料
马克笔、便利贴、空白墙或白板

活动步骤

1. 向每位参与者发放便利贴和马克笔。让团队成员思考有哪些利益相关者（节点）。这些利益相关者包括：公司领导者和各个部门、供应商、委托服务提供商、客户和其他组织。每张便利贴上只写一个利益相关者的名字。思考哪些人提供了资源或可交付成果。

2. 然后，按照其共同属性对利益相关者进行分组，如供应商、经销商、合作伙伴、客户或顾客、承包商和影响者（媒体、政府 / 监管部门，或商业协会）。

3. 现在，利用你在“绘制你的资源地图”活动中描绘的有形资源和无形资源为灵感，开发一系列能为双方创造（有形或无形）价值的可交付成果。用不同的颜色表示有形和无形的可交付成果。

4. 然后，用带箭头的线条显示与角色有关的行动及交易方向。交易线条表示生态系统中角色之间交换的价值。所谓交易，举例来说就是支付、文件、设备、合同、行程、工作手册、建议、安全、意见回馈、批准、批评或保证。

5. 检查最后的生态系统，确认所有的角色、可交付成果和各项交易。询问你公司的其他人对此生态系统是否有意见和看法。将你的关键洞见汇整成简洁易记的整句话陈述。最后对所有白板内容进行拍照记录。

资料来源：此活动由本书作者创造，灵感来自维娜 · 艾利（Verna Allee）开发的价值网络分析（Value Network Analysis）。

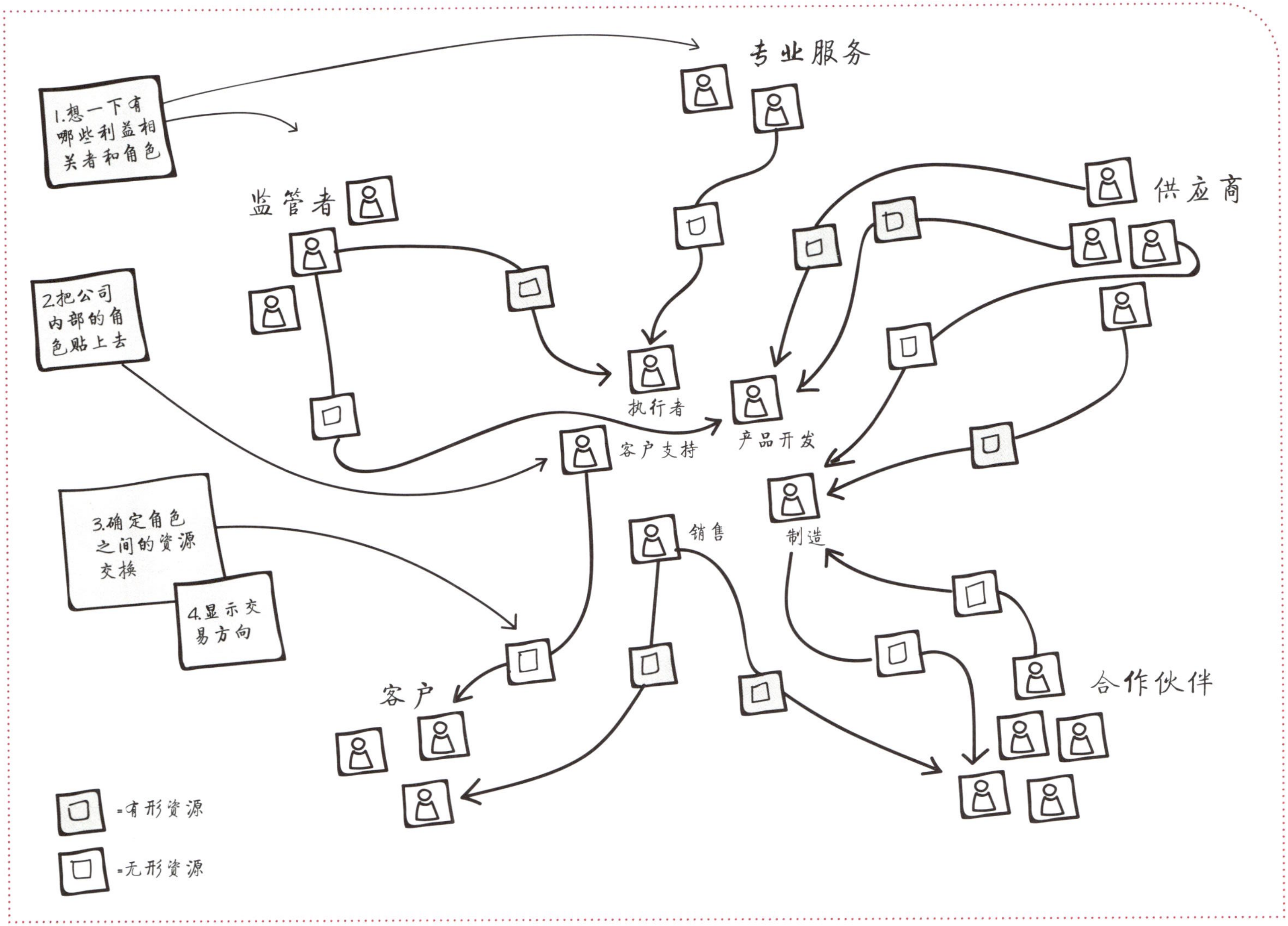
1.想一下有哪些利益相关者和角色
2.把公司内部的角色贴上去
3.确定角色之间的资源交换
4.显示交易方向
专业服务
监管者
供应商
执行者
产品开发
客户支持
销售
制造
客户
合作伙伴
=有形资源
=无形资源

构架成长计划

探索了客户与非客户，通过绘制资源地图和可视化生态更好地了解你的公司后，就要做出一些决定了。你在寻求什么样的成长？哪些可以想象，哪些不能？你的计划有多大胆？

制订你的成长计划将使你能在设计战略时保持专注。如果你是执行总裁或老板，想要分派一个团队完成计划，成长计划简报将在追求目标方面为他们提供更多的指导，帮助你明确传达你的预期。如果你是执行者，曾经被高级主管分派来制定新的成长战略，成长计划简报将帮助你说明预期，确保自己的工作重点放在实现公司目标上。

这并不意味着你在整个过程中不能考虑其他方面，或不能逾越舒适区。不过，简报能够让你将各种机遇和战略与原定目标进行比较。

我们不希望遗漏有效并值得使用的传统成长模式，我们应当在某些情况下运用那些成长模式，以满足规定的目标。然而，我们不能只专注于由于组织流程优化、产品特性调整或新公司升级而产生的传统成长模式。在我们描述本书所探讨的成长类型之前，我们要先讲一讲两种特殊的成长类型。

我们不只专注于这两种成长类型。

1. 销售更多的相同产品

一个选择有机成长的企业必须能使用现有资源和流程来扩展，以容纳其增长。这种理念基本上是设法生产和销售更多的相同产品，以增加业务体量。当一家公司进入其现有产品或服务早已存在的市场中时，就会使企业与市场中的已有产品供应商处于面对面的竞争中。

2. 通过合并与收购实现成长

企业常常进行合并与收购，以扩大公司规模（请参考惠普公司收购康柏电脑公司，或者万豪国际收购喜达屋酒店）或延伸到行业中的上下游中去。有些公司收购其他公司，以增加其不具有的投资组合能力，而别的公司则希望通过收购来增加现有核心业务以外的产品系列，从而实现多样化经营（比如微软公司收购诺基亚公司的智能手机业务）。

本书探讨的增长类型

本书深入探讨了三种成长类型，我们称之为演化式增长、延伸性增长和突破性增长。在下文中，我们将着重论述突破式增长，但我们的方法也为演化式增长和延伸性增长提供了深度的实用见解。

演化式增长

演化式增长是指一种最接近于你的核心事业的成长类型。你可以改进和提升现有产品，以消除满意度的制约因素和消费障碍。这可能意味着强化你的产品设计，使你的产品更加人性化，或升级你的服务，这也是演化式增长的一种做法。

列车公司升级车厢服务和缩短两座城市之间往来的时间以吸引商务旅客，或连锁餐厅通过装修使就餐环境变得更舒适，都是很好的例子。例如，麦当劳公司投资改善其食品质量和升级餐厅；亚马逊公司通过“试阅”（Look inside）等特色服务和提供无理由免费退货服务降低网上购买风险，让购物体验变得更加轻松便利；卡地纳健康公司使手术工具包的规划、订购和提供更加容易和便利。

通常，演化式增长最容易实现，同时风险也最少。另一方面，演化式增长的可持续性最短，减少消费障碍和满意度的制约因素的行动也很容易被竞争对手复制。

延伸性增长

延伸性增长是指一家公司将新的产品或服务带入距离其核心业务不远的市场，并且实际上与现有产品密切相关和互补。延伸性增长常常意味着扩大你的产品范围，在客户体验中涵盖其他步骤或提供其他类似产品。

请再想一下列车公司的例子。采用演化式增长方式时，列车公司升级列车及现有产品、服务和客户体验，而如果采用延伸性增长，则列车公司会围绕现有产品和服务引进新的产品和服务。对于列车公司而言，这可能意味着要在火车站提供往返换乘服务，例如，提供行李运输和搬运服务。麦当劳公司从提供快餐到引入麦咖啡，将其作为相邻产品，同时又与其核心产品接近。亚马逊公司在网络平台上增加了其他产品，从出售书籍转向提供更大范围的产品，包括家用园林工具、美容保健产品、体育和户外用品、玩具、服装及汽车和工业产品，等等。

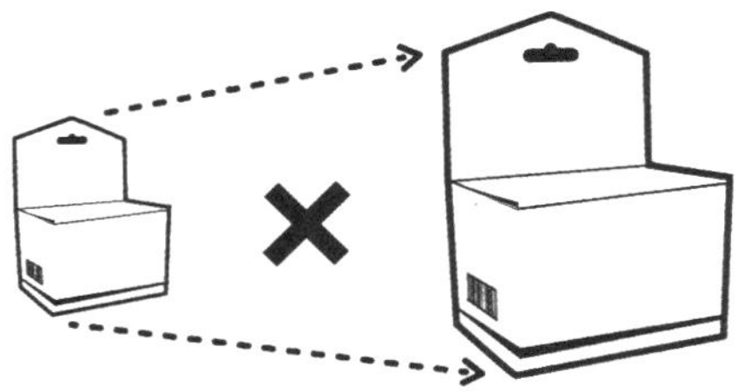

演化式增长
改善你的现有产品

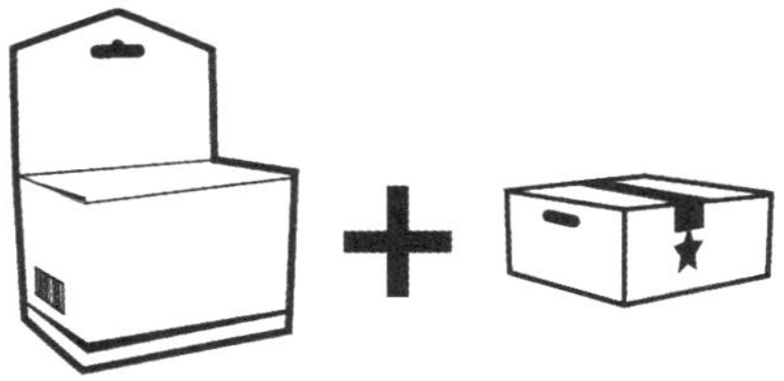

延伸性增长
补充你的现有产品

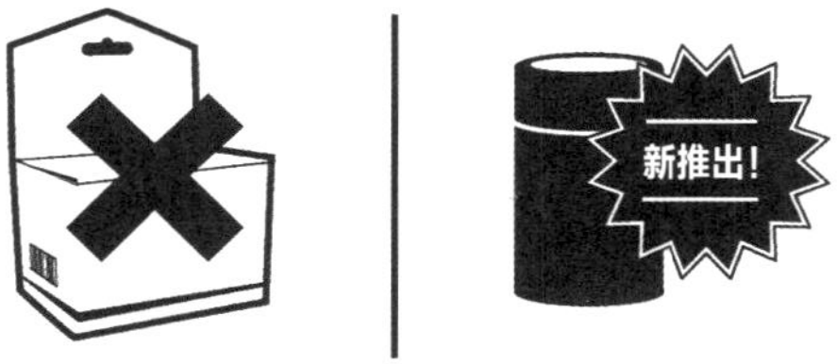

突破性增长
开发全新的产品

延伸性增长风险稍高于演化式增长，因为你冒险进入了一个更新的领域。然而，当你不断接近你的核心时，这种风险还是可控的。正如我们所述，延伸性增长通常关注拓展产品，以增加客户体验步骤，减少满意度的制约因素，从而使客户在整个旅程中更加愉快。

突破性增长

突破性增长是一种更具价值的业务增长，要大大超越你的现有业务的限制。突破性增长往往不仅需要制定和实施全新的战略，在市场中销售一种超出现有业务定义的产品，而且需要设计一种新的商业模式和 / 或盈利模式，使其成为新战略的一部分。

例如，谷歌公司的核心业务是市场调查。然而，谷歌公司正在为新的增长下赌注，产品包括自动驾驶汽车、头盔式光学显示器及智能手表和佩戴品。亚马逊公司转向在网上平台提供典型零售产品，还提供亚马逊网络服务（AWS）；提供支付、旅行和物流服务；开发和生产电子书阅读器 Kindle；通过亚马逊生鲜平台出售生活用品。

显然，突破性增长不仅难度最大，而且是实现风险最大的增长类型。然而，突破性增长一旦成功，获得的回报也最高。我们会向你说明如何管控风险。

你在瞄准哪种类型的增长？让我们来定义你的增长计划类型吧。每种增长模式只适合于特定的情境，没有一种规定的模式类型。事实上，你可以整合多种类型，使其适应你公司的境况从而让公司获益。

阐明你的目标和你所瞄准的增长类型，接下来你将能够专注于后期战略重心，为你的团队提供指导，避免追逐目前可能并不适合你的公司的机遇。

突破性问题

如果你选择实现突破性增长和真正的战略创新，我们建议你总结一下自己面临的机遇，我们称之为突破性问题。突破性问题询问的是如何解决看似不可能成功应对的挑战和压力。突破性问题超出了寻常的“假使我们能够……将会怎样”之类的询问，这些问题多半看似是问题，但是已经有了答案了。在这个阶段，你不应当急于下结论和做出回答。突破性问题设计得越好，你越有可能想出创新策略。错误的问题会催生错误的策略。

请思考这些例子：

- 我们如何能够提供更高的客户价值，同时降低公司的成本？
- 我们如何免费赠送产品给客户，同时能够增加公司的利润？
- 我们如何将产品提供给使我们获利最少的客户，同时能够保持公司盈利？
- 我们如何将产品提供给目前买不起的客户，同时能够保持公司盈利？
- 我们如何利用我们的关键资产来为现有客户群以外的客户提供服务？
- 我们如何利用现有资产来满足非客户的需求？
- 我们如何能够无须投资而增加网络基础设施？
- 我们如何缩短产品交货期，提高发货速度，而能够不增加存货或物流成本？

设计成长机遇

明确你的增长目标后，最终的步骤是将确定的增长机遇和你的目标保持一致。你发现的机遇可能会成为前面概述的三种增长类型之一。

决策

我们每天都忙碌于进行不同重要程度的决策，如参加重大活动时穿什么衣服，在什么地方举行异地会议，或什么时候买辆新车。我们是专业决策者，对吗？所以，你对人应该用更聪明的方法做决定这种观念颇感不以为然。现实情况是，多数人并非训练有素或善于做出有效的决策。可以运用许多不同的战略和决策路径来发现或选择你所要探索的机遇。

那么，什么可以带来良机？是市场规模、杠杆能力、全新产品，还是满足未被满足的客户需求？答案可能是所有这些标准。无论面对何种情况，我们都要制定目标和宗旨，形成一系列可行性选择方案，然后运用标准进行评估。而且，我们的目标是选择有效性或成功概率最高、最符合我们的宗旨和目标的方案。

决策不是一个非黑即白的线性过程。事实上，企业进行选择时，最好运用非线性、迭代性和递归性思维，原因有很多，不外乎为了缩短周转时间、降低成本和不确定性，以及来自时间、利益相关者和其他方面的疑虑。这些就是商业设计思维积极迭代原则的关键好处之一，我们将在第 5 章中详述。

非补偿性和补偿性决策

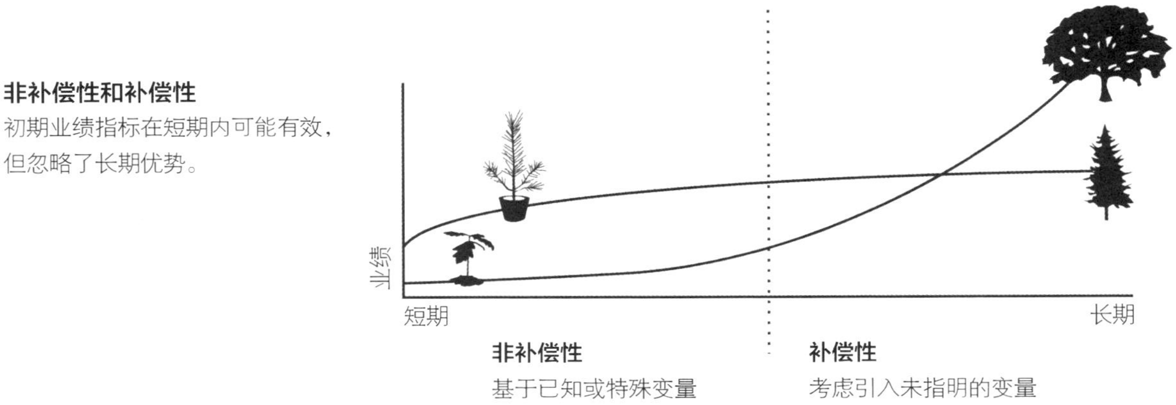

初期业绩指标在短期内可能有效，
但忽略了长期优势。

决策战略的类型

多年来，科学家开发了很多决策模型。许多决策模型的名称稍显晦涩，如线性模型、累加差异模型、理想点模型、联合模型、分离模型、词典编纂模型和消元法模型。

尽管名称复杂难懂，但多数策略其实十分常见。可以将决策分为两种主要决策类型，即补偿性决策和非补偿性决策。

补偿性策略面临选择上的冲突。非补偿性策略则避免选择上的冲突。补偿性策略允许你用优势的属性标准换掉另一种劣势的属性标准，而非补偿性策略则无法进行这种优势的互补。

我们认为，运用多种决策方式可以提升效果，所以，我们建议运用一种以上的策略来评估面对机遇时的可选择方案，并做出选择。为了减少需要处理的信息量，我们建议运用非补偿性策略，淘汰不必要的方案。然后，运用补偿性策略认真分析剩下的有价值的方案。

同时运用这些策略可以让你组织好可用的相关信息，有效帮助你提高对不完整信息的处理能力，得出比仅凭直觉时更加合理的结论。通过运用这些策略来选择最佳机遇，你能够在以后更加有效地利用这个机遇，基于现有信息做出经得起检验的更加合理的决策。

决策过程

你的目标是将发现的最佳机遇推进到下一个策略构思阶段。所以，你的决定非常重要。你希望学会一种既能快速决策又能将风险降至最低的方法，同时这一方法还能够让你快速迭代和学习。

虽然你总是希望不同利益相关者达成一致意见，但由于要平等倾听每一个人的意见，群体决策可能会让你放慢速度，使你的想法无法完全实现。这样，在允许团队或个人做出最佳判断和利用群体决策获得完全一致的意见之间，需要找到良好的平衡点。

合理的做法是可以用表决来代替简单的全体一致同意的做法。采用表决法的话，每个人拥有同等的话语权，遵循少数服从多数的原则。在共同协商的决策中，持异议者有机会陈述他们反对的原因，领导者或群体在做出决定和引证选择的逻辑之前会重新思考。你的目标是做出没有人能够提出合理反对意见的决定，同时保证有异议的参与者可以发表看法和愿意服从最终做出的选择。

重要的是，要认识到世界上没有十全十美的答案。但是，通过有效的团队决策，可以激活队友集体的力量，更快得到答案，从而更迅速地采取行动，好让你掌握机会及策略的优劣，并加以改良。

绝大多数人并非训练有素、擅长做有效决策的人。

活动

创建增长计划简报

增长计划简报活动构建了一个可视化框架，使你专注于自己的工作成果，并得以评价自己的工作进展。

活动概述

阐明你的增长计划的目标，描述你希望使用的增长类型，使你能够专注于后续策略工作，为你的团队提供明晰的指向和指导。

所需时间

60~120 分钟

所需材料

增长计划简报模板、白板

活动步骤

1. 打印或下载增长计划简报模板。指定一名团队成员担任抄写员。在白板上写下每个类别的标题：目标、原因、数据、增长团队、可用资源、赞助者、决策过程等。

2. 围绕每个主题展开讨论。用便利贴表达初步设想，倾听每个人的声音。先从你的目标开始：你想要实现什么目标？思考结局，反向倒推。你的目标是不是由收入、营业额、利润、市场占有率决定，或者你的目标是不是成为行业第一？

3. 询问原因。为什么你希望或需要大幅拓展业务或启动新业务？你正在解决什么问题？你的战略意图是什么？是要实现多元化经营、扩张版图、建立一个更广泛的供应链，还是要颠覆整个行业？

4. 是否有既定条件？你是否需要留在你目前的行业中？你的时间安排是什么？你是否必须要在一年、三年、五年内证明营业额和 / 或利润？

5. 确定你的增长团队的成员。你的团队规模有多大？你的团队是否由各种不同的成员共同组成？你的团队是否代表了最佳的公司内部功能 ？你是否应当将外部专家、客户或供应商纳入你的团队？

6. 最后归纳三个核心主题。在可利用资源方面，你是否拥有种子资金？你有哪些人力资源？你是否可以获得外部资源？你有哪些可用技术？说出你的正式和非正式赞助者，即公司董事会、主要领导者或某个公司部门。最后，简要说明决策过程。谁参与决策？参与决策者扮演什么角色（比如，资金提供者、批准者及影响者）？

7. 完成简报后，和主要利益相关者分享意见和反馈。最后对所有白板内容进行拍照记录。

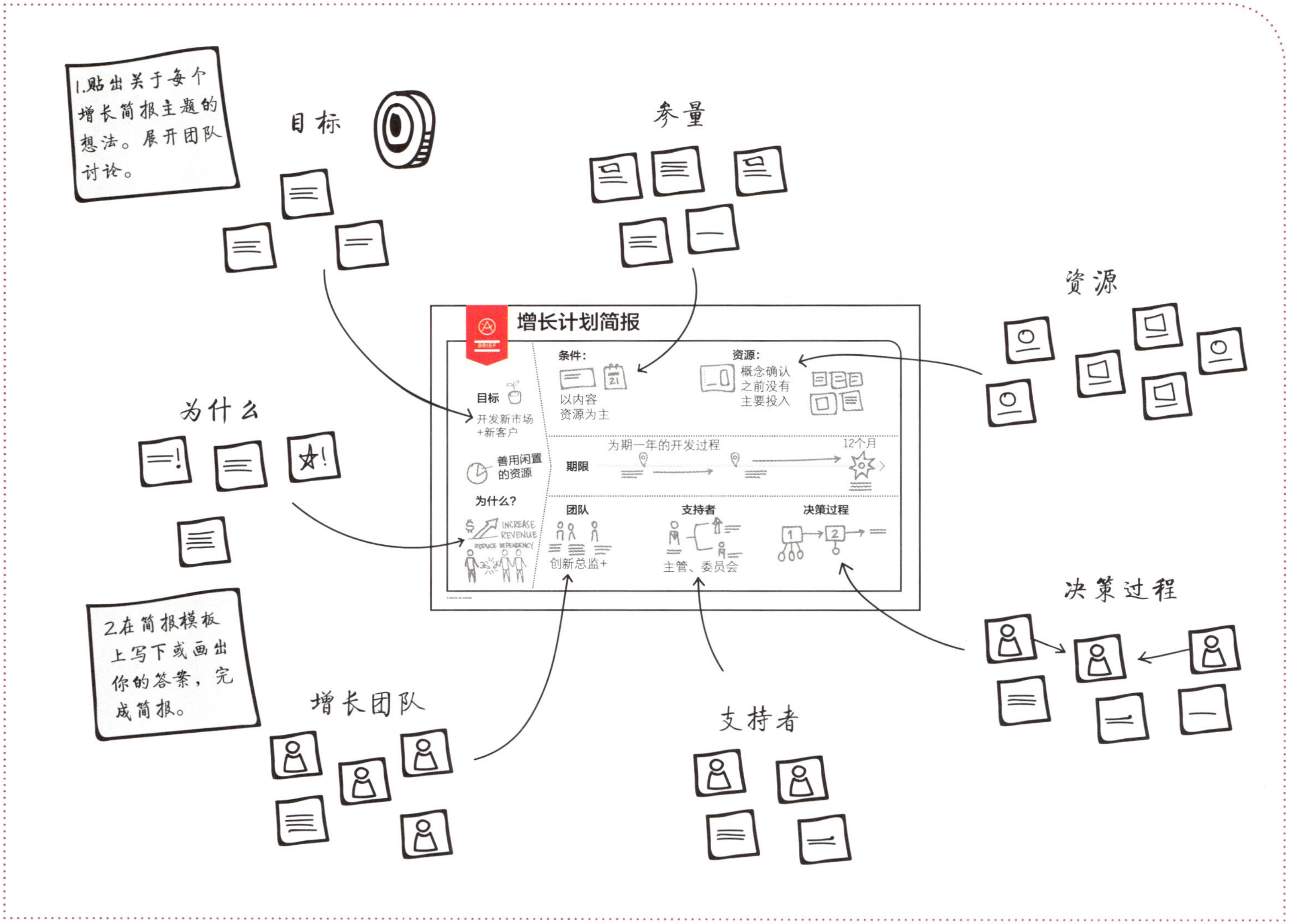
1.贴出关于每个增长简报主题的想法。展开团队讨论。
目标
参量
资源
为什么
增长计划简报
条件：
以内容资源为主
资源：
概念确认之前没有主要投入
目标
开发新市场+新客户
善用闲置的资源
为什么？
INCREASE REVENUE
REDUCE DEPENDENCY
期限
为期一年的开发过程
12个月
团队
创新总监+
支持者
主管、委员会
决策过程
决策过程
2.在简报模板上写下或画出你的答案，完成简报。
增长团队
支持者

活动

机遇分析

利用可视化方法分析有用的见解，陈述你的机遇。

活动概述

可视化你所发现的规律、主题和各种洞见，帮助你有效地寻找并陈述机遇。

所需时间
120~180 分钟

所需材料
马克笔、便利贴、白板

活动步骤

1. 这是寻找机遇过程中十分重要的工作和关键的步骤。先要对你的增长计划简报中所设立的目标和宗旨进行审核。选择你的关键目标，评价你的机遇是否与主要目标匹配。

2. 搜集所有支持观察结果的材料，以及你的客户和非客户的轮廓图。贴出你的所有实地观察结果、你的公司资源评估、你的客户和非客户旅程图，还有可视化的生态系统。

3. 审核所有这些补充性洞见材料。找出看起来较强或较弱，但相依性强或相互排斥的关键点。对照观察到的洞见、消费者轮廓图及公司生态系统，找出其中的模式、主题和相关性。这个步骤可能比较零乱，但在白板上看到关于你的机遇的信息，会让你更容易得出关键见解。在见解旁边贴上备注和说明。

4. 把彼此相关的见解组织起来。接下来，指出哪些是可能的机遇，再次陈述在未满足客户或非客户的需求或预期（基本上是要完成的工作）中发现的问题，并从中发现机会。例如，“我们的客户需要更快、更便宜的公共交通工具”。生成尽量多的机遇说明，但找到这些机会不等于找到解决方案。事实上，确定未满足的需求或预期有助于发现更多的机遇。

5. 对照目的与目标之后，选择那些最能激发你的想象力、更有可能成功的机遇。也要抓住最疯狂的机遇，避免有漏网之鱼。不要只挑选你认为最容易成功的机遇。根据你的调查研究，每个机遇都能定位到有价值的客户。最后对所有白板的内容进行拍照记录。

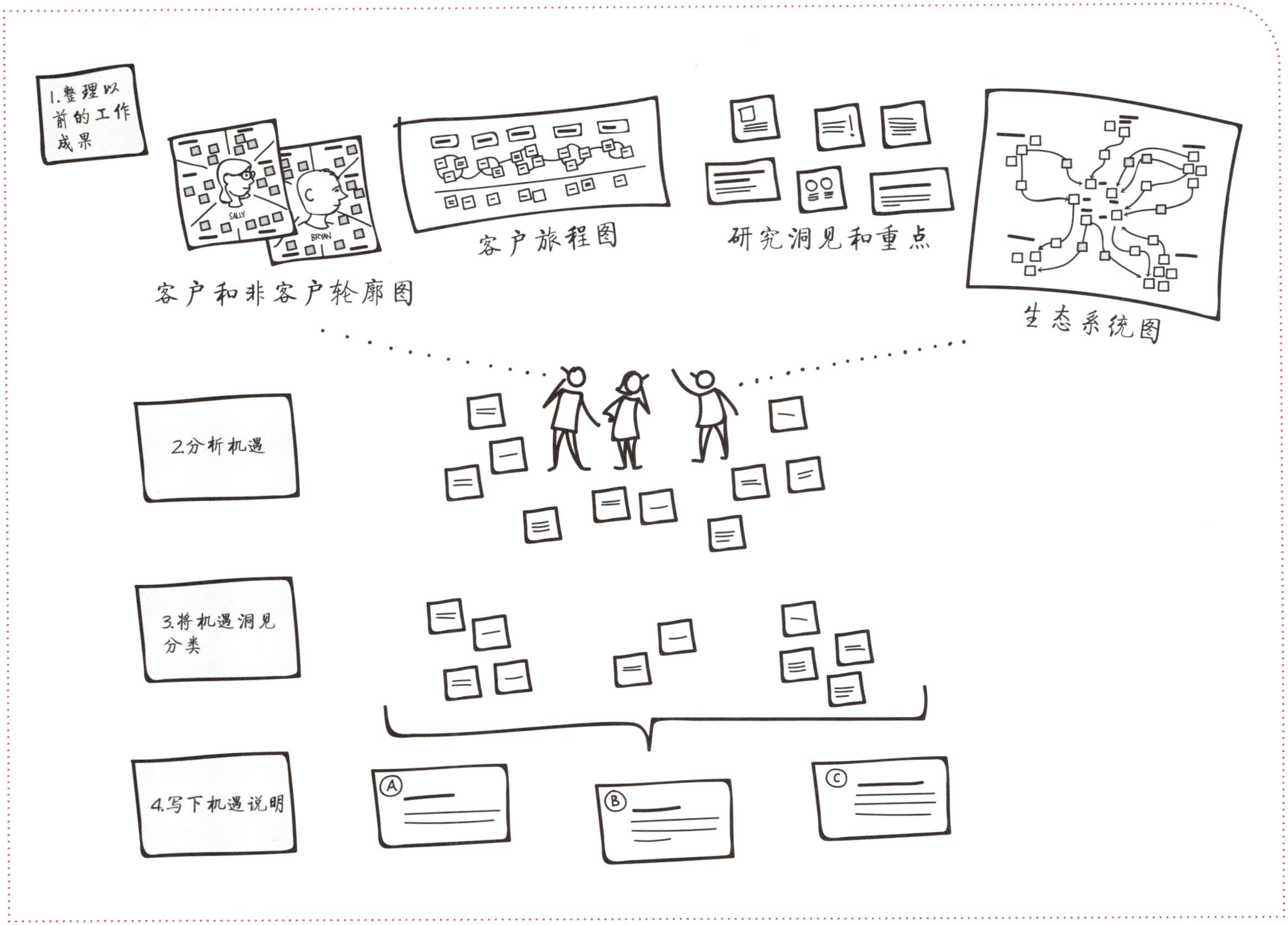
1.整理以前的工作成果
SALLY
BRYAN
客户和非客户轮廓图
客户旅程图
研究洞见和重点
生态系统图
2.分析机遇
3.将机遇洞见分类
4.写下机遇说明
A
B
C

活动

选择机遇

选择一个或多个机遇，设计你将要在构思策略阶段使用的突破性问题。

活动概述

运用各种决策过程，确立你认为在构思策略下一阶段具有可能成功的机遇或最具创新性的机遇，以及最具挑战性的机遇。

所需时间
45~60 分钟

所需材料
马克笔、便利贴、白板

活动步骤

1. 由于你已经找到了一些机会，你需要和团队成员一道进行评估，看看每个机遇符合可行性、合意性和存活性标准的程度。首先向参与者发放便利贴、马克笔和一份增长计划简报。

2. 在白板上画出一个网格，在每一栏顶部写上每个机遇的说明。然后，标记四项：可行性、合意性、存活性和总计。

3. 让每一位团队成员以 1 到 5 的数值给每一项打一个分数，其中 5 代表他们认为此机遇的可行性（我们能否做到）、合意性（用户是否需要它）和存活性（我们是否应当这样做）程度最佳。让参与者在每个格子里贴出他们的评级。

4. 让记录员计算每一格的总分，确定平均分数，再算出每一项机遇所有格子的总分和平均分数。

5. 接着进行团队讨论，确保大家意见一致。 如果存在不同意见，进行讨论以决定是否更改选择。

6. 大家一起运用突破性问题模板（可以在 www.theartofopportunity.net 下载）针对两个最优机遇拟定突破性问题。

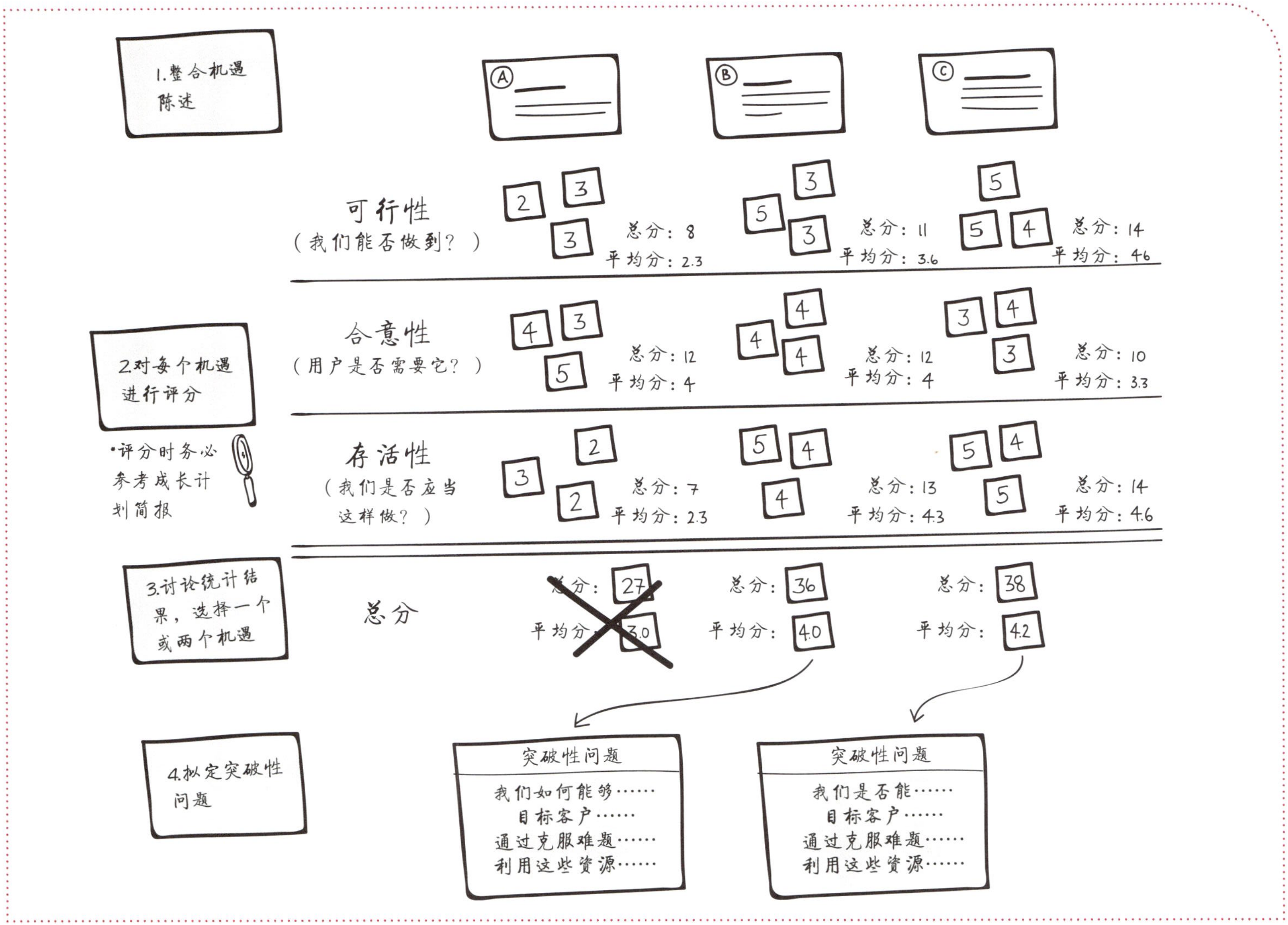
1.整合机遇陈述
A
B
C
可行性
（我们能否做到？）
2 3 3
总分：8
平均分：2.3
5 3 3
总分：11
平均分：3.6
5 5 4
总分：14
平均分：4.6
2.对每个机遇进行评分
•评分时务必参考成长计划简报
合意性
（用户是否需要它？）
4 3 5
总分：12
平均分：4
4 4 4
总分：12
平均分：4
3 4 3
总分：10
平均分：3.3
存活性
（我们是否应当这样做？）
3 2 2
总分：7
平均分：2.3
5 4 4
总分：13
平均分：4.3
5 4 5
总分：14
平均分：4.6
3.讨论统计结果，选择一个或两个机遇
总分
总分：27
平均分：3.0
总分：36
平均分：4.0
总分：38
平均分：4.2
4.拟定突破性问题
突破性问题
我们如何能够……
目标客户……
通过克服难题……
利用这些资源……
突破性问题
我们是否能……
目标客户……
通过克服难题……
利用这些资源……

可视化机遇

你到达了一个关键节点。你考察了客户和非客户群，深入研究了他们的需求和预期，确定了他们的消费障碍和满意度的制约因素。你已经通过观察和搜集有关客户旅程的信息，获得了洞见。然后，你又分析了公司的生态系统，挖掘出更多的可能性。最后，你从大量成果中提炼出了具有突破性的机遇问题。好极了！

显然，你需要与你的老板和同事分享自己卓越的工作成果。要不要做一个花哨的幻灯片？不需要！我们已经为你设计了“商机报告模板”，所以，你可以在这个研究阶段像讲故事一样把最终成果讲给他们听。最后和你的队友一起完善它。这可能要花几天时间进行迭代。利用你的所有数据和内容，充分发挥你的创造力。添加照片和涂鸦，将你寻找商机的故事娓娓道来。

运用可视化故事框架

绝大多数人都同意，冗长的幻灯片、甘特图（横条图）和烦琐的备忘录很难表达清楚新观念的益处和价值。我们承认并非人人都是设计师。在我们的经历中，任何逻辑严密的可视化故事都会受到欢迎（或至少是受到赏识），这样会避免雷同，打破增长计划的“千篇一律”。所以，在认识到并非人人都是艺术大师或讲故事大师后，我们展示了如下几个令人信服的秘诀，帮助大家打造充满魅力的演示。

- 开门见山讲重点。你怎样精简地讲述自己的故事？从开头说明到复杂的情况、再到明确的解决之道这个简单的故事是否精简？先想大纲，再添加丰富多彩的趣闻轶事或细节。
- 注入行动、冲突和转换等经典故事元素以增添色彩。善用人物角色，介绍没有立即解决的问题，或可能采取非常之道解决的问题，制造冲突。
- 采用得心应手的方式叙述整个故事。

身为人类，我们容易认同与他人有关的故事，不妨设置一个能引起听众共鸣的人物角色。从你的消费者轮廓图中找出一个客户或非客户，让他成为关注的焦点。可以使用你在旅程中使用的步骤。例如，呈现出客户需求中的情绪，陈述需要克服的人性方面的障碍等，证明满足客户需求或预期体验时，对于客户而言意味着什么。

即使你不会绘图，可视化框架也能为你提供现成的信息组织系统，帮助你讲故事。这些框架往往有助于解释你做了什么、是如何做到的，以及你为什么要做，使你的听众能够凭直觉领会你所讲的故事。设计师常用的一些可视化框架包括：

- 表达关系（网络、矩阵或地图）；
- 组合关系（树形图、维恩图、矩阵或地图）；
- 层次（树形图或维恩图）；
- 过程或流程（流程图、时间或步骤）；
- 位置（地图）；
- 数量（直方图或饼图、时序图）；
- 比较（强反差图像或状态对比）。

三步建构故事框架

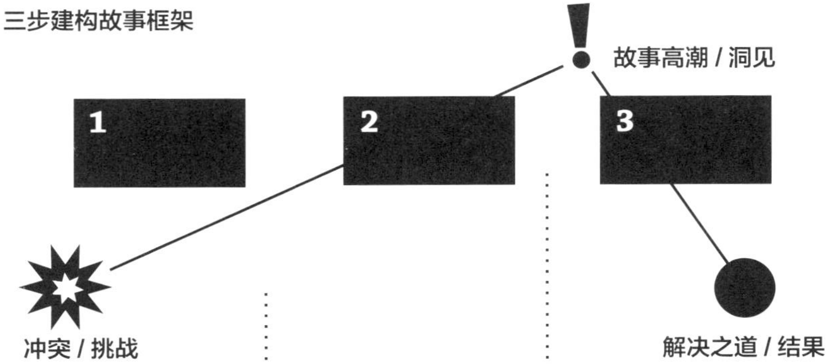

第一步
设定人物角色、故事背景和故事情节。

要回答的问题
关于谁的故事？
挑战是什么？
我们应当关注谁？
故事发生在什么地方？
要考虑哪些事情？
要解决什么需求？

第二步
确定障碍，增加复杂度，制造冲突。

要回答的问题
使问题复杂化的因素是什么？

第三步
揭示拨云见日、决策和 / 或得到突破性洞见的时刻。

要回答的问题
机遇是什么？
关键洞见是什么？

情节叙述
如按时间顺序讲故事，就是经典的“英雄之旅”。如颠倒叙事方向，则会制造谜题，再一步步细细揭示你是如何达到结局的。

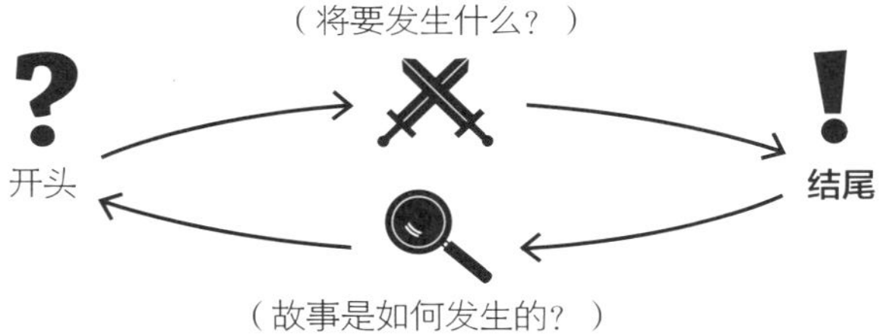

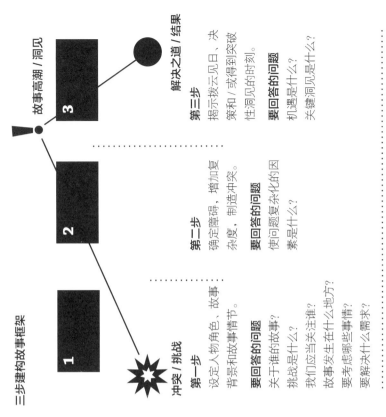

运用可视化故事框架

运用可视化故事框架并不复杂。为获得更多的灵感或学会更多的细节，我们建议你研究一些受人喜爱的故事讲述者和设计师的作品。

丹·罗姆（Dan Roam）

- 《餐巾纸的背白：一张纸＋一支笔，画图搞定商业问题》
- 《Blah, Blah, Blah：不讲废话，画图解决》

南希·杜阿尔特（Nancy Duarte）

- 《幻灯片艺术》（*Slide: ology: The Art and Science of Creating Great Presentations*）
- 《共鸣》（*Resonate: Present Visual Stories That Transform Audiences*）
- 《启发：点燃变化》（*Illuminate: Ignite Change through Speeches, Stories,Ceremonies, and Symbols*）

戴夫·格雷（Dave Gray）

- http://xplaner.com/visual-thinking-school/

桑尼·布朗（Sunni Brown）

- 《涂鸦革命：想大创意，一定要不停地涂涂画画》（*The Doodle Revolution: Unlock the Power to Think Differently*）

在《涂鸦革命：想大创意，一定要不停地涂涂画画》一书中，桑尼·布朗举例说明了一些你可以使用的可视化故事框架。运用她的一些插图，你可以看到如何用系统框架描述概念并显示组成概念的各个部分——解释它的含义是什么；流程架构讲述某事物如何运作，并展示运作流程和 / 或顺序；比较架构则说服观众一种概念胜过临近的另一种概念。

像桑尼·布朗书中所述的这些可视化框架能够帮助你组织信息，形成更容易理解的陈述或报告。

系统

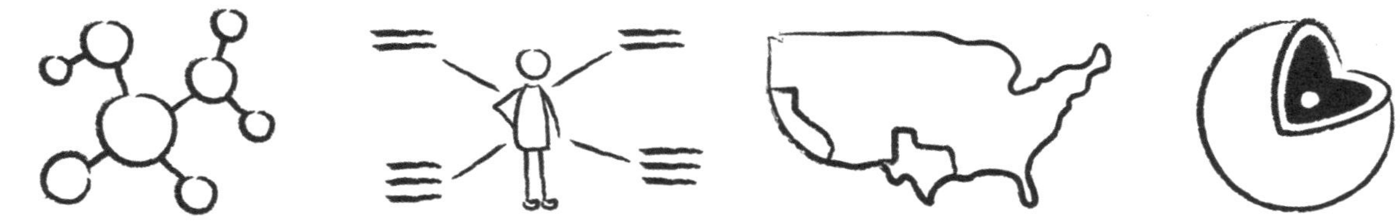

过程

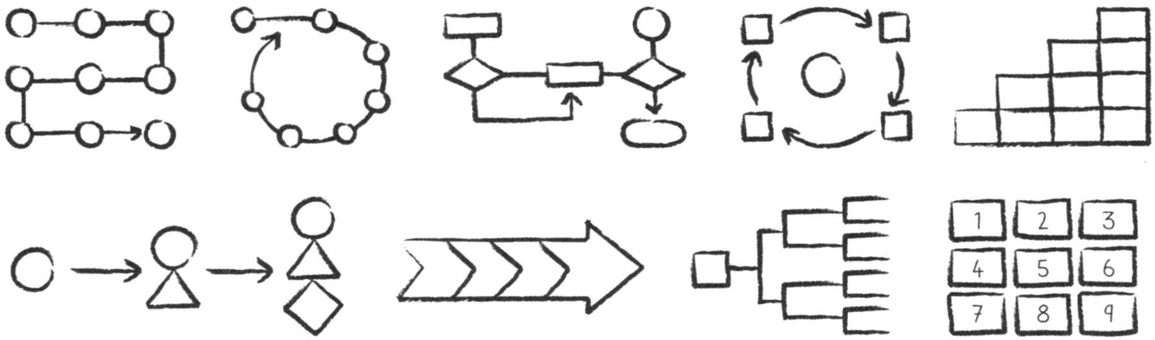

比较

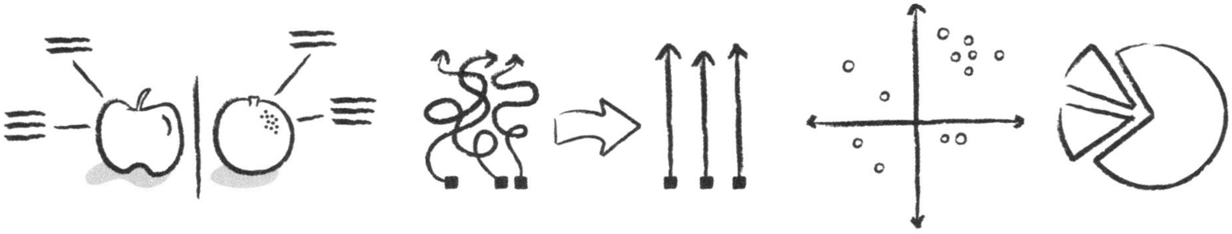

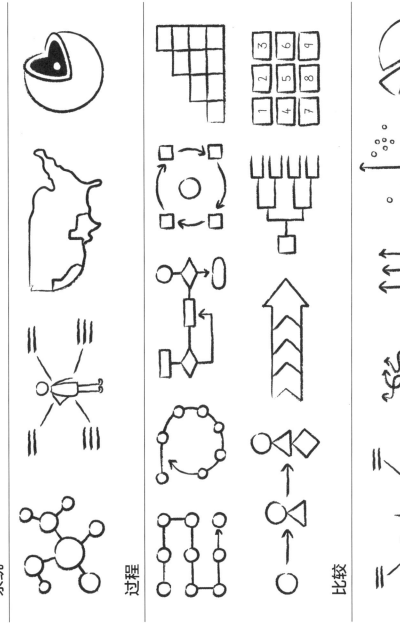

活动

可视化你的机遇

利用商机报告创建发现你的商机故事。

活动概述

分享你的进展以获得大家的反馈，这是你的机遇之旅中非常重要的一步。利用机遇报告，你可以更加有效地讲自己的故事，获得建议，在进入构思战略的下一阶段前发展自己的思维。

所需时间

3~4 小时或更久

所需材料

马克笔、便利贴、白板、增长计划简报，以及所有前置活动的素材和产出

活动步骤

1. 带上设计成长机遇阶段的所有材料：增长计划简报、观察材料、讨论得出的重要见解、资源和生态系统方面的洞见、客户旅程图和突破性问题清单。打印出商机报告，或从我们的网站（www.theartofopportunity.net）下载。

2. 在商机报告里完成每个阶段，讲述发现商机的故事。你要在每一步里都关联这四个要素：方法、发现、见解和决策，告知如何达成这个商机。

- 你如何了解自己的客户和非客户？
- 你如何确定消费障碍和满意度的制约因素？
- 你在哪里发现了商机？你是如何进行观察的？你如何确保这些是合理的？

3. 你了解自己的公司及其资产、资源和能力的过程是怎样的？你有什么发现？

4. 描述你如何以所有的发现为基础，拟定增长计划简报。输入你的突破性问题清单，完成商机报告。

5. 作为一个团队，头脑风暴一下你可以用什么方式来讲清楚故事。利用商机报告中的各种元素，将故事可视化。多了解故事可视化方面的理念及建议。不要觉得受到模板的束缚。你不必“局限于陈规旧矩”。重要的是，要讲清楚你是如何找到商机的，以及你是如何找出突破性问题的。

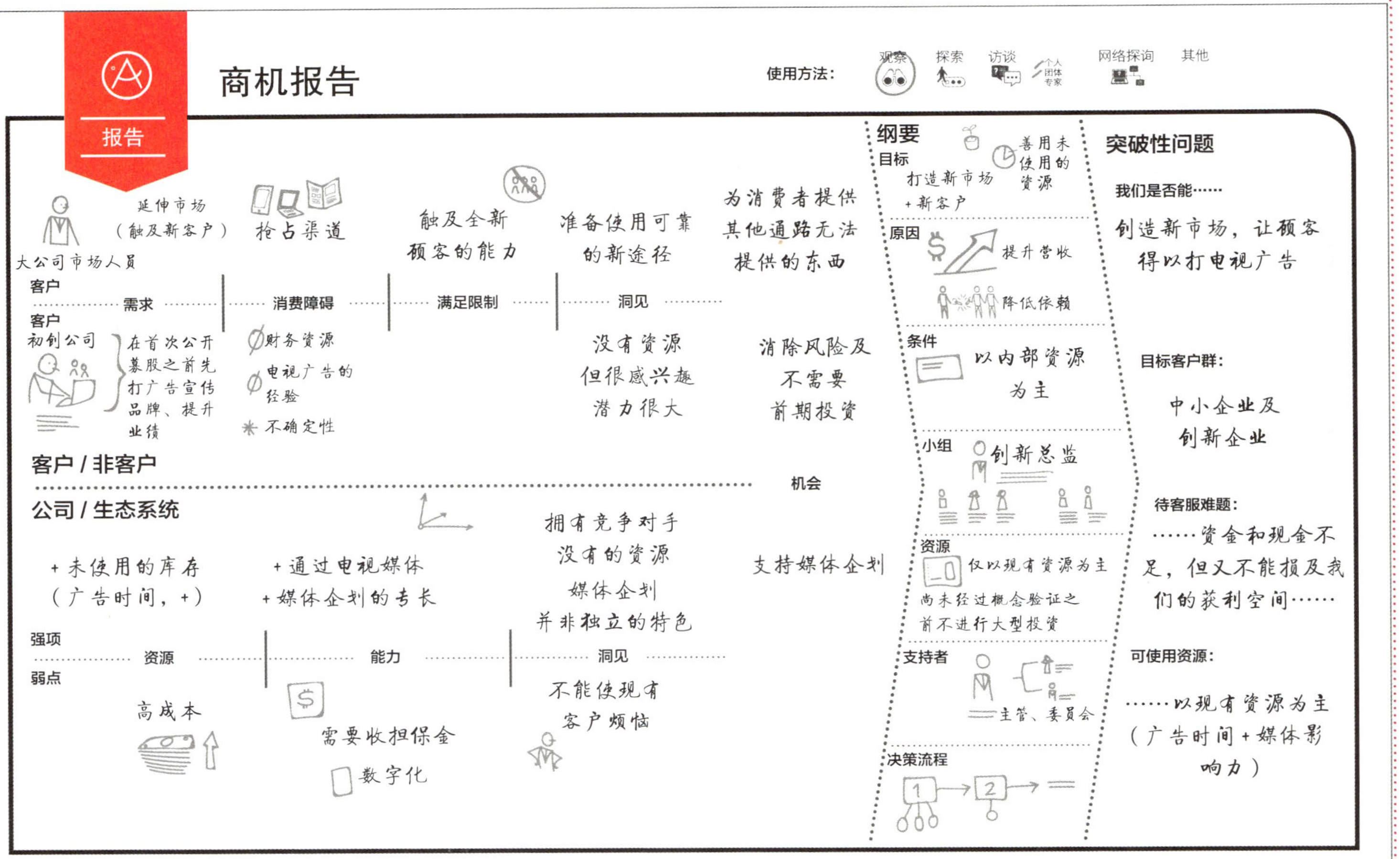
报告
商机报告
使用方法：
观察
探索
访谈
个人 团体 专家
网络探询
其他
大公司市场人员
延伸市场
（触及新客户）
抢占渠道
触及全新
顾客的能力
准备使用可靠
的新途径
为消费者提供
其他通路无法
提供的东西
客户
需求
消费障碍
满足限制
洞见
客户
初创公司
在首次公开
募股之前先
打广告宣传
品牌、提升
业绩
财务资源
电视广告的
经验
不确定性
没有资源
但很感兴趣
潜力很大
消除风险及
不需要
前期投资
客户 / 非客户
机会
公司 / 生态系统
+未使用的库存
（广告时间，+）
+通过电视媒体
+媒体企划的专长
拥有竞争对手
没有的资源
媒体企划
并非独立的特色
支持媒体企划
强项
资源
能力
洞见
弱点
高成本
需要收担保金
数字化
不能使现有
客户烦恼
纲要
目标
打造新市场
+新客户
善用未
使用的
资源
原因
提升营收
降低依赖
条件
以内部资源
为主
小组
创新总监
资源
仅以现有资源为主
尚未经过概念验证之
前不进行大型投资
支持者
主管、委员会
决策流程
突破性问题
我们是否能……
创造新市场，让顾客
得以打电视广告
目标客户群：
中小企业及
创新企业
待客服难题：
……资金和现金不
足，但又不能损及我
们的获利空间……
可使用资源：
……以现有资源为主
（广告时间+媒体影
响力）
WWW.THEARTOFOPPORTUNITY.NET

◎斯纽卡斯、李及莫拉斯基

CRAFT YOUR STRATEGY

构建你的战略

没有工匠精神，灵感只不过是随风摇晃的芦苇罢了。

约翰内斯·勃拉姆斯，作曲家

第 3 章

当我们找到商机后，怎样才能把握住这些机会呢？从上一章中，我们知道世界上的好想法很多，机会也很多。但是只有那些愿意付出时间去寻找并把握机会的人，比如史蒂夫・乔布斯、怀特兄弟等，才能踏踏实实一步一个脚印地将想法或者机会变成现实。为什么？很简单，因为做起来不容易。

本章旨在帮助大家抓住增长的机会。我们会分析增长战略的各个元素，这样才能争取到那些吹毛求疵的客户以及尚未开发的潜在客户，激发他们的潜在需求。我们会帮助大家成为打造新业务的高手，告诉大家如何完善增长战略。

战略元素

传统战略重点关注产品与服务，但是想创新的话，就要对以下三个方面进行优化组合。

1. **商品**：产品、服务以及客户体验的组合。
2. **商业模式**：运营方式及必要的业务行动。
3. **盈利模式**：收入流、定价策略以及支付方式。

虽然对业务增长战略的三个方面，我们会依次讨论，但是创新却不分先后。有可能是先在盈利模式上有所创新，然后再去开发商品及商业模式，也有可能是有了出售物的设计之后，再去设计相应的商业模式；还有可能是有了好的商业模式，再去开发相应的盈利模式。

实际上，这三方面彼此关联，你需要通盘考虑，多加权衡才行。总之，要确保这三者有机统一，相互促进，这样才能打造出卓越的战略。

欢迎光临

营业中

设计你的商品

商品是产品、服务以及客户体验的统称。这三者结合起来产生的价值，以符合要求的形式满足客户的需求。

产品

产品就是你出售的有形或者无形的商品，一般情况下可以亲身体验到。销售产品意味着产品的所有权从公司转移到客户。客户可以永久拥有该产品。

产品需要制造，一般需要储存于实体空间或者以数字形式存储，卖给客户后才能付诸使用。比如智能手机、电脑、平板等都是产品，安装在上面的软件以及应用同样也是产品。

服务

服务是你提供的劳务，不能储存或占有。服务通常是在购买时就消费了的。代表性的例子有咨询、培训、汽车维修、理发、看电影、租车以及从巴黎到纽约的航班。

近年来流行将产品转化为服务。比如软件即服务（SaaS）就是这么一个例子，你不再是购买软件的所有权，而是以支付月费或者年费的方式获得其使用权。在线音乐或者流媒体视频直播服务也是基于同样的概念。将产品转化为服务，也要求转变盈利模式，这个我们后面也会详细讲到。

客户体验

客户体验不限于产品或服务售卖的期间，而是贯穿于客户与公司及公司产品或者服务接触时的所有环节，从客户知晓你们的公司、产品和服务到第 2 章中讲到的比较、购买、送货、使用、购买配件、维修、回收等环节都会涉及。

前面也讲过，这三个方面你都可以加以创新。根据你的成长目标，你或许想加强或改变现有的产品，引进新的产品或服务，或提供不同的客户体验，或者可能想同时改变这三个方面，从而创造出一个全新的商品。

启发案例

喜利得：增强客户体验

喜利得（Hilti）是一家全球领先的建筑行业解决方案提供商，包括开发、制造、销售产品，以及提供补充服务以及完整的客户体验，公司因此取得了新的竞争优势，实现了业务增长。

产品

喜利得以为建筑行业提供高质量的创新性产品而闻名。其核心业务集中在设计、制造各种工具与设备，以满足测量、钻孔、爆破、切割、打磨、紧固和安装等各种施工的需要。

服务

20世纪90年代，喜利得除了产品，也开始提供服务。如今它们的服务范围从提供设计软件和工程解决方案发展到了产品及其应用的咨询与培训。但它们最出名的还要数其工具终生维修服务以及工具租赁服务。

喜利得提供三个级别的保修服务。购买的产品都有基本的保修期（在此期间免费维修）；支付额外服务费用的话，还提供终生维修，并设定收费上限，即客户只需支付目录价格的一定比例即可；还有厂家的终生免费保修服务，就是说“由于材料或工艺问题引起的缺陷……只要产品在售，配件存在，即可享受免费维修服务”。

通过工具租赁服务，客户不再需要购买喜利得的产品，而是每月支付一定的费用，就可租用所需工具。除了提供工具、服务以及承担维修成本费用外，喜利得还帮助客户管理工具库，确保他们随时随地都有工具用。工具库中的工具还会定期更新，客户无须另外投资就能用上最新款。这样一来，客户就能节省现金开支、行政费用以及管理成本。另外喜利得还发现，租赁客户的品牌忠诚度更高，使用的工具也更多，最终花在喜利得产品上的钱也就更多。

关于客户体验

喜利得一直很重视客户体验。它从来没有通过第三方销售过其产品，而是依靠直销来销售产品。就算是在当地五金店销售，也是采取店中店的形式，由喜利得的技术导购提供优秀的客户体验。多年来，喜利得针对客户的消费过程，采取了一系列措施与服务以提高客户体验。

上面所说的工具租赁服务可以大幅提升客户体验，除此之外，喜利得还提供一系列物流及财务管理服务。因为喜利得拥有自己的物流，所以有了喜利得的在线账号之后，就可以在线购买产品，还可以选择支付方式，顾客一两天就能收到货品，而且有电子发票。喜利得的 eProcurement 解决方案允许电子数据交换和在线的 eCatalogs 整合成企业的资源规划系统，从而使大部分的订购、计费、发货以及支付流程都自动化了。

喜得利通过其整个价值链的产品、服务以及解决方案，满足了购买以及使用过程中涉及的不同客户群体和利益相关者的需求。

创新灵感

设计新商品的10种方式

下面一系列商品设计灵感是为了激起大家的想象。这些灵感旨在抛砖引玉，目的是希望大家可以打破条条框框，寻找最佳的解决方案。其中一些策略做法是相互矛盾的，比如第一条“增加商品功能”和第二条“减少商品功能”。

重要的不是同时采用这些策略，而是看看只用一种或者几种策略的话，你的商品会是什么样子。某些公司或者行业，应该增加商品功能，而对另外一些公司或者行业而言，减少商品功能才是明智之选。

使用战略的时候要一直想着你的顾客，想着他们的需求。我们用比喻的手法将战略形象化了，希望大家能喜欢。

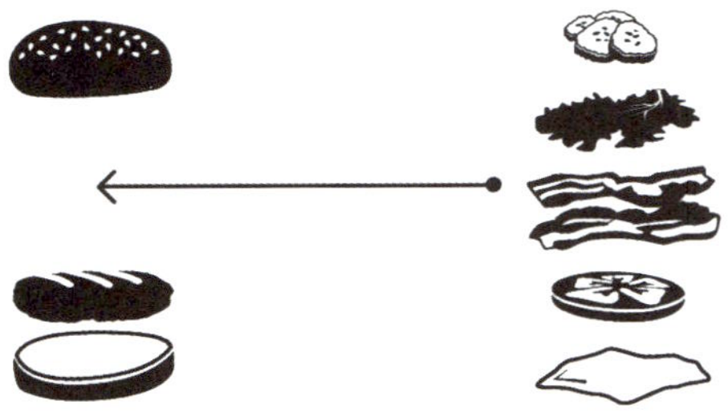

增加

给汉堡加料

1 增加现有商品的功能

实现业务增长的第一条战略也可能是最受欢迎的一条战略，就是通过增加客户和非客户看重的功能升级产品、服务和客户体验，增加现有商品的功能。比如说你是一家铁路公司，有些人不坐你们的车可能是因为觉得车上不舒服。所以，如果开设商务厢或者头等厢可能会让他们改变主意。产品创新及升级是该策略的典型例子。

增加商品功能还意味着增加所售产品及服务的数量。将长尾理论应用到你的商品上，这意味着销售更多种类的产品，但每类产品数量更少。

要考虑的问题有：

- 可以向客户和非客户提供哪些新功能？
- 什么功能可以让我们的商品变得更吸引人？
- 除我们的商品之外，客户和非客户选择的产品或服务是什么（除了考虑竞争对手外，也要考虑不同产业的）？他们为什么做这种选择？
- 哪些功能可以加入到我们的产品、服务以及客户体验里？
- 我们可以通过渠道提供哪些产品或服务，以产生长尾效应？

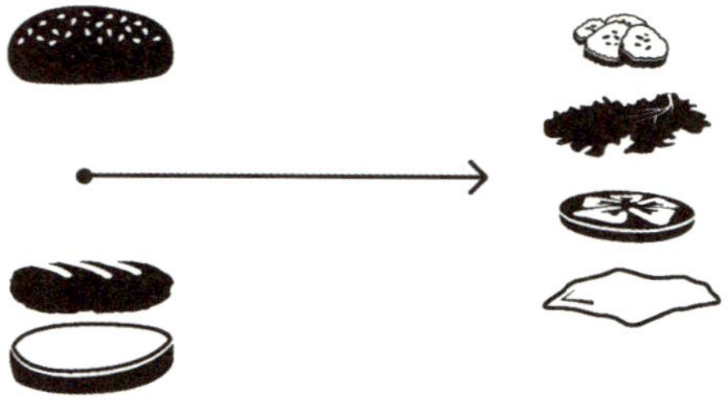

减少
给汉堡减料

2 减少现有商品的功能

除了增加产品功能，还可以去掉那些非必要的功能，从而以更低的价格推出新商品。像瑞安航空、易捷航空这样的低成本航空公司，美国的 Motel 6 以及欧洲的 Motel One 廉价旅馆就是最典型的例子。

如果你发现商品功能超过所需，客户觉得价格太贵的话，采用这一策略会特别有效。

克莱顿·克里斯坦森的颠覆性创新理论的最初构想是提供功能比现有产品少，但是能吸引足够多客户的商品。这些“够用”的商品使用起来较简单，所以会有更多的客户，可以吸引那些觉得原来的产品太复杂或者太昂贵的人群。

要考虑的问题有：

- 客户真正需要的功能是什么？
- 哪些功能是客户愿意付费购买的？
- 哪些功能客户并不在乎且增加了成本？

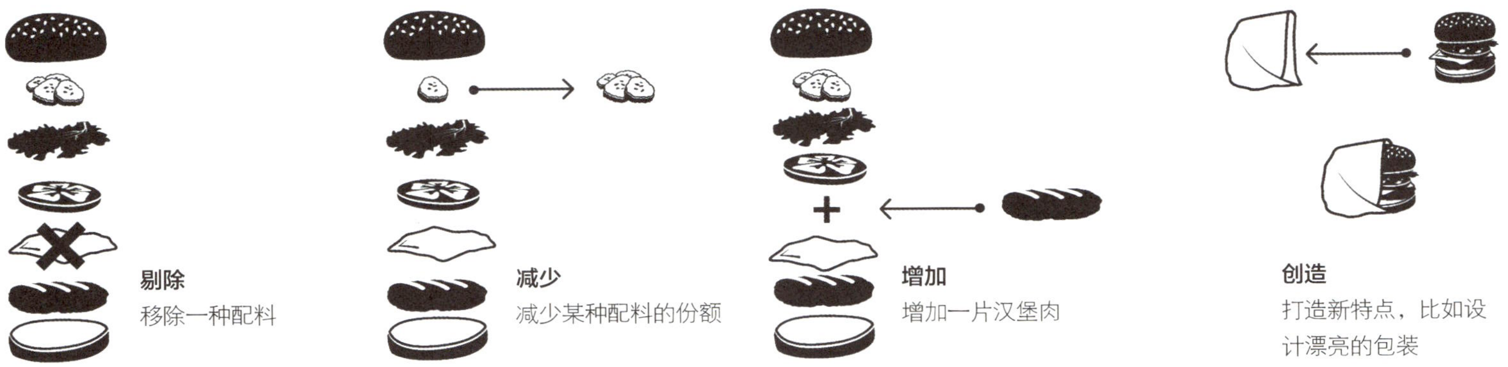

3 有选择性地删除、减少、增加、创造新功能

除了纯粹增加或者减少功能之外，还可以参考蓝海战略框架，有选择性地剔除、减少、增加、创造新功能。苹果在 20 世纪 90 年代末期再次取得了成功，靠的是压缩产品线，只生产两种笔记本和两种台式电脑，分别面向家庭用户和专业用户。EREC 策略为顾客创造了额外价值，也为公司节省了成本。

要考虑的问题有：

- 哪些业界习以为常的功能可以砍掉或者简化（因为这些功能造价高，而大多数用户又用不上）？
- 有哪些可以让我们的商品更吸引客户或者非客户的功能或产品、服务以及客户体验？
- 哪些功能让产品用起来很复杂，限制了消费，可以被砍掉？
- 如何优化客户体验？
- 如何简化商品，方便客户做出选择？
- 哪些功能可以显著增加为客户及非客户带来的价值？

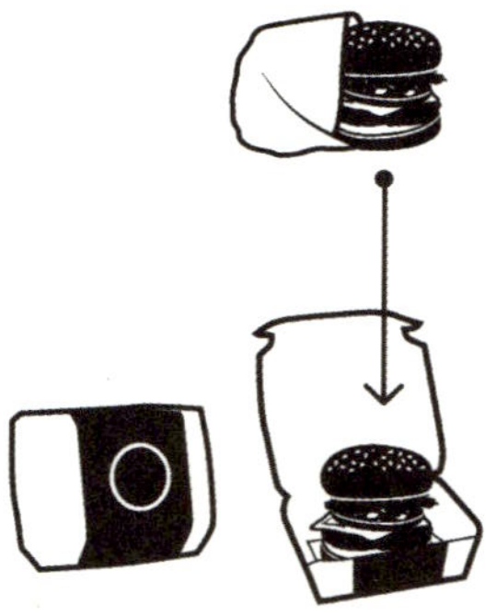

转变品牌诉求
利用新包装提升商品吸引力

4 转变品牌诉求

将商品的诉求从功能上转换到情感上，可以让同一商品变得更有吸引力。款式和设计很重要，对产品、服务以及客户体验影响很大。设计精美的用户界面可以让网页、应用以及软件产品更有魅力。时髦新潮的设计可以大幅提升产品的吸引力。

比如苹果公司跟其他电脑厂商不一样，它们在广告中不强调硬件规格（比如处理器速度或者硬盘容量），而是诉诸情感需求。再比如，喜利得的红色工具让人觉得很酷，工人也乐意炫耀他们的喜利得大锤。

要考虑的问题有：

- 本行业的主要诉求是什么？
- 是更注重技术规格、客户体验、产品设计，还是更注重情感？
- 如果将产品诉求换至相反面会怎么样？

配套品

比如饮料和薯条可以增加商品价值

5 提供配套产品及服务

在现有的产品和服务基础上锦上添花是最常用的、可能带来最大收益的增长策略。如果你的目的是坚持核心业务，那么这也是一个相对安全、风险系数低的策略。应用这一策略的例子有：手机附带充电器、耳机以及各种转换器；快餐店卖汉堡的时候带上薯条；旅馆附带餐厅和按摩中心；出售产品的时候提示购买延长的保修期；汽车公司提供金融服务；以及厂家提供安装和维修服务，等等。

要考虑的问题有：

- 哪些配套产品和服务可以提升客户体验？
- 什么产品可以跟服务搭配销售？
- 什么服务可以跟产品搭配销售？
- 什么配套服务可以为客户提供方便，大幅提升客户的购买体验？
- 购买我们产品的客户一般还会从别人那里买些什么？

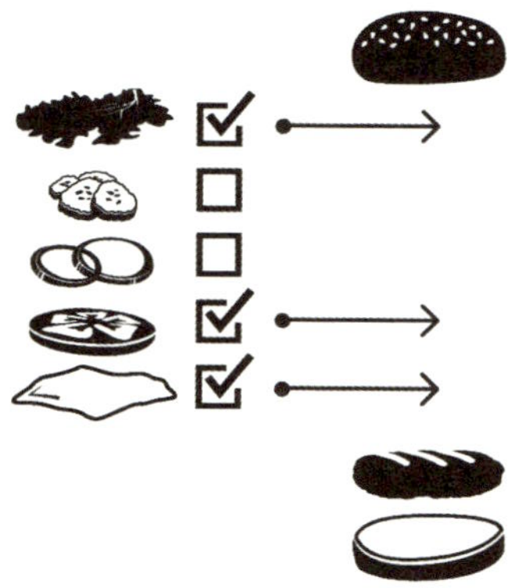

新体验

按照需求订制套餐

6 提供解决方案和完整体验

除了提供配套的产品和服务，还可以更进一步，为客户提供整体的解决方案。比如阿联酋航空公司就为商务舱及头等舱乘客提供接送机服务。上飞机前开车送他们去机场，下飞机之后又开车将他们送往目的地。毕竟你坐飞机最终是为了抵达目的地。

奔驰公司的 Car2Go 服务不仅可以提供租车服务，更是提供了一个移动解决方案。类似的还有宝马公司的 DriveNow 服务，它们都更进一步，不仅为不同的用途提供不同车型，甚至跟公共交通公司合作，一起提供完整的出行方案，在多个城市提供租车服务。

要考虑的问题有：

- 审视客户的整个购买体验，思考他们的目标是什么？客户还需要完成什么工作？
- 我们可以为这种购买体验增加什么？客户体验的整体解决方案会是什么样的？
- 怎样可以让客户一起来创造这种全新的体验？
- 客户可以订制、选择、设计自己的产品或者产品的一部分吗？
- 人们购买我们产品的原因是什么？是为了占有还是想解决问题，抑或是满足需求？
- 让客户感觉更值的整体购物方案会是什么样的？

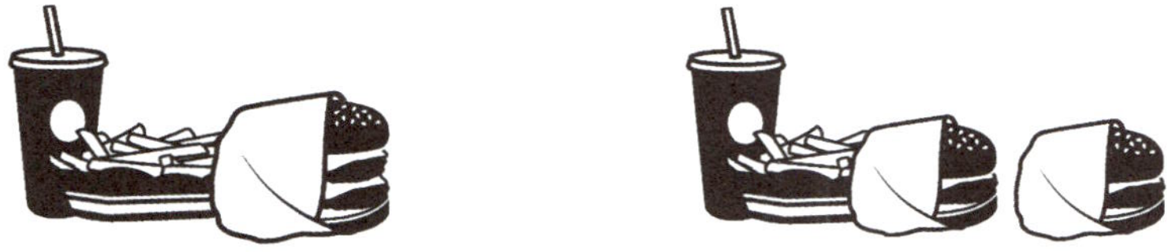

捆绑销售
多加一个汉堡，促进销量

7 捆绑销售

捆绑销售跟提供配套产品是类似的策略。只是捆绑销售的时候客户一般没有选择，只能一起接受。比如剃须刀与刀片，缺了哪一个都不行。类似的情况还有电脑与操作系统，手机与话费合约，快餐店套餐里的汉堡、薯条和饮料。

显然，应该将那些为了满足特定需求，客户终究要一起消费的产品或服务进行捆绑销售。全包度假套餐就是个好例子，里面机票、住宿、租车、餐饮全都包了。

亚马逊的 Prime 金牌会员服务也是捆绑销售的好例子。只要交年费，就可以获得更快的物流服务，可以租书，还可以点播视频。还有一些多媒体公司提供电视、宽带、座机等全套服务。这些捆绑销售可以为客户节省开支，又提高了客户体验，因为他们不用忙着跟多家公司打交道了。

要考虑的问题有：

- 哪些产品或服务可以合理地打包？
- 哪些产品或服务客户通常会一起购买？
- 哪些产品即使我们也提供，顾客还是会选择从竞争对手那里购买？
- 客户想购买的整体解决方案是什么？
- 我们可以提供哪些产品或服务包以满足客户的典型需要？

延伸服务

通过丰富商品提升客户体验

8 充分利用资产和能力延伸产品可能

虽然我们建议先评估客户再构思新产品，但是你也可以先评估资产和能力，或许经过充分利用可以为客户提供新的商品，找到新的客户群。航空公司和酒店是利用其资源满足不同人群需要的好例子。

航空公司通过同一架飞机提供经济舱、商务舱和头等舱。酒店也一样，同一家普通酒店，却提供不同等级的房间。麦当劳在欧洲就很好地利用其门店，推出了麦咖啡，吸引了不同的客户群。或许你们公司有闲置的办公场所可以拿出来跟人合租。或许闲置的厂房可以用来举办活动。

要考虑的问题有：

- 我们最宝贵的资产是什么？
- 我们的资产还有别的什么利用方式？（列出所有的可能！）
- 现在这些资产是用来干什么的？
- 我们如何使用资产来满足非客户的需求？
- 这些资产还可以用来干什么？即使与现在的用途毫无关系。
- 我们的哪些资产、技能或者核心竞争力是独一无二的？
- 其中哪些最受当前客户的赏识？
- 我们的资产以及资源满足了什么需要？
- 还有哪些客户跟我们的客户有类似的需求（比如从巴黎飞到纽约），但是想有不一样的体验？

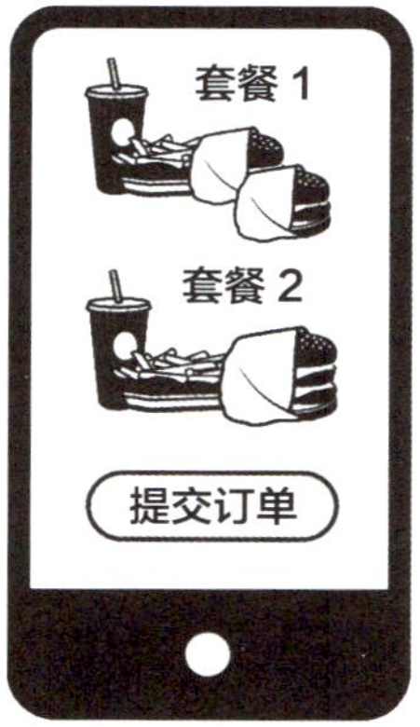

数字化
将菜单和点评数字化

9 数字化转换：服务与产品之间的相互转化

数字化在很大程度上将服务变成数字化产品。想想最近很热的健身应用就知道了，FitStar、FitYoga、Bodyweight Training、Freeletics 等应用其实就是将健身房提供的服务数字化了。麦肯锡也是一个将咨询服务转化为在线产品的例子。纽约的一家公司 PSFK 被人称作咨询业的未来。其实它们就是将专业知识转化成在线产品了。类似的还有 Coursera 这样的在线教育网站，它也是将教育服务转化为数字化产品了。

软件租用服务应该是将产品转化为服务最典型的例子了。前面提到的 Car2Go 以及喜利得的工具租赁服务也一样。像亚马逊金牌会员、奈飞、声破天（Spotify）以及苹果音乐提供的在线视频和音乐服务就是将产品变成了在线服务。

要考虑的问题有：

- 我们的专业服务和产品如何数字化？
- 我们的服务如何实现数字化并转化为自助服务？
- 怎样利用技术，让更多的人可以享受到我们的产品和服务？
- 我们的哪些产品是客户希望或者需要拥有的？
- 客户需要用到哪些具体服务？

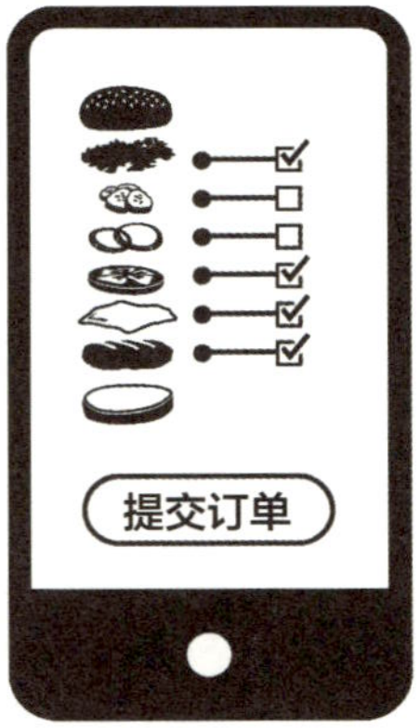

订制化
提前订制菜单

10 设计客户体验

在寻找增长机会的时候，你可能发现了痛点，也就是行业当前提供的产品或服务做得不好、不方便、让客户不开心的地方。设计用户体验不只关系到购物的某个环节，而与整个购物环节息息相关。

男性服饰电商 Outfittery 公司提供了一项服务，它们将整套穿搭都发给客户，客户在家里试了之后，喜欢的留下，不喜欢的就退回去。优步公司让打车变得方便多了，无须排队等车，不用在街头等车，也不用翻口袋找零钱，还有电子发票可以拿来报销。

你的品牌形象对客户体验也有影响。人们认为你们是技术先进、追求创新的公司，还是低成本、求实在的公司？你的品牌是富有魅力的，还是非常乏味的？

要考虑的问题有：

- 客户的消费旅程有哪些环节是我们尚未发现的？
- 我们的产品和服务针对的是消费过程中的哪一个环节？
- 怎样让客户在每个环节都感觉更轻松、更舒适？
- 我们怎样触达客户？他们是通过什么渠道接触到我们的？
- 我们的渠道和客户的需求合拍吗？

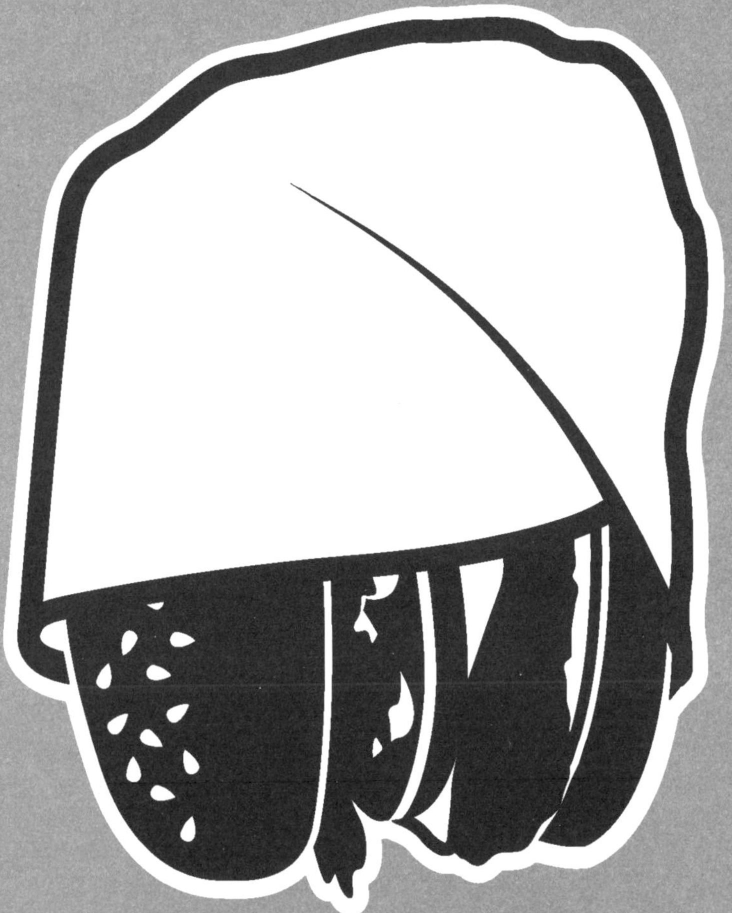

活动

进行头脑风暴

利用你的增长计划和商品灵感，和团队一起开展头脑风暴。

活动概述

寻找商品灵感，和团队一起思考要做出什么样的产品、服务和客户体验。

所需时间
90~180 分钟

所需材料
马克笔、便利贴、白板、增长计划简报、商品灵感

活动步骤

1. 打印或者下载一套商品灵感卡，人手一份增长计划表。然后向与会人员分发便利贴、投票点和马克笔。如果没有卡片的话，就将商品灵感卡及其对应的问题打印出来。

2. 在白板顶部写下突破性问题。如果不止一个，那就都写上。然后拿三张大的便利贴（也可以将白板 / 墙分成间隔比较大的三部分），分别标注“产品”“服务”“客户体验”。

3. 将人员分成三组，分别对应上面的三个方面。以增长计划表为指导，在商品灵感的帮助下，让大家就产品、服务以及客户体验出主意、想办法。

4. 将所有的想法都写在便利贴上，一个便利贴只写一条，然后贴在步骤 2 中的三个栏目下面。

5. 让每个人简要说明一下自己的想法，并留出集体讨论的时间。提醒大家现在并不需要面面俱到，只是让大家先写出一些想法，因为在后面的步骤里还会有新的想法产生。

6. 让各组轮换到新的类别，在上一组所提想法的基础上提出新的想法，还是一张便利贴记录一个想法。做完之后再轮换一次，重复这个过程。最后所有人员一起讨论这些想法，对其加以补充与优化。

7. 大家进行投票，投票结束之后，选出每个栏目下面前三名的想法，然后进行团队讨论，看看是不是需要对这份排名进行更改与修正。最后给白板内容拍照进行记录。

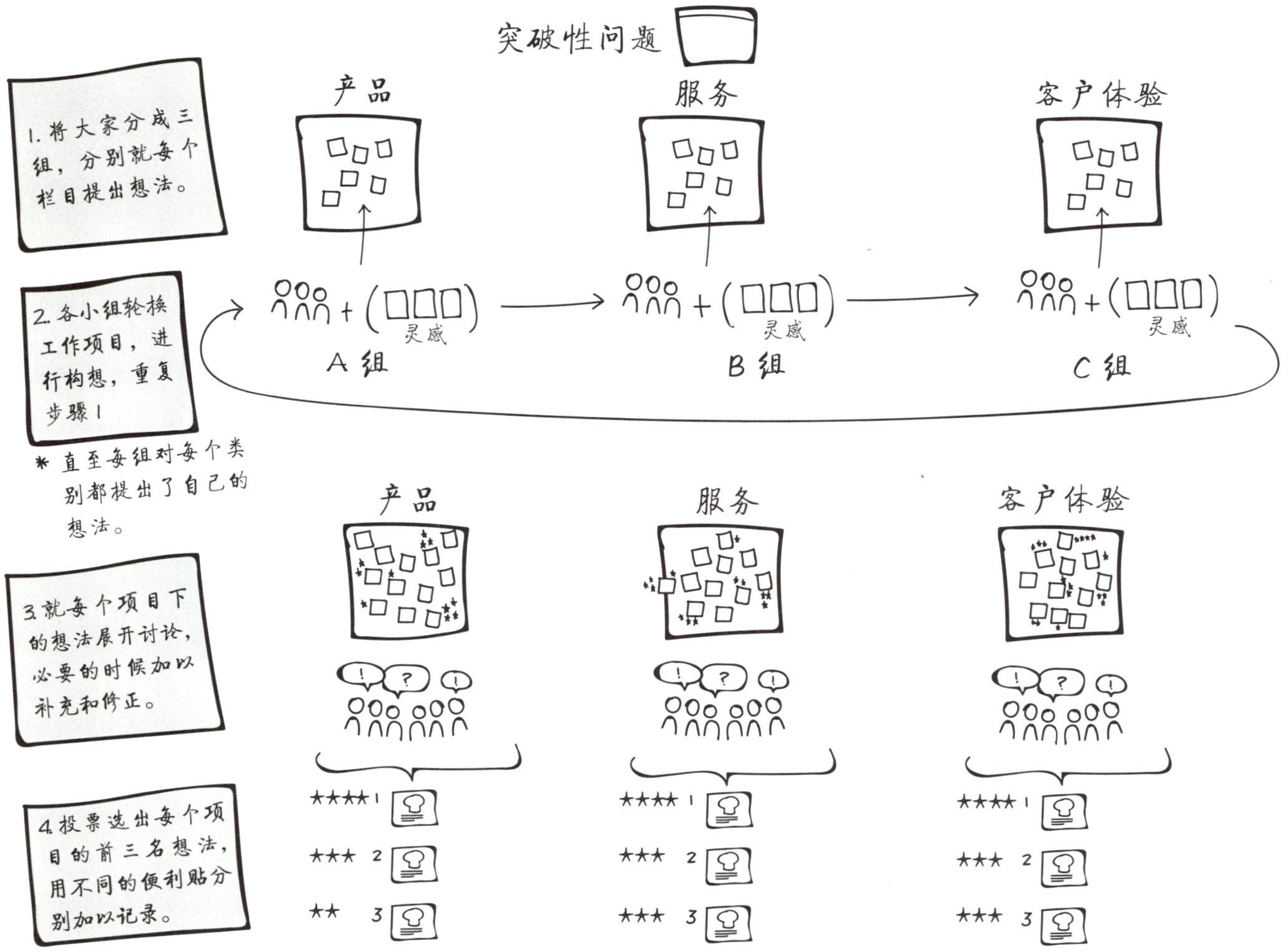
突破性问题
1. 将大家分成三组，分别就每个栏目提出想法。
产品
服务
客户体验
2. 各小组轮换工作项目，进行构想，重复步骤 1
灵感
A 组
B 组
C 组
* 直至每组对每个类别都提出了自己的想法。
3. 就每个项目下的想法展开讨论，必要的时候加以补充和修正。
4. 投票选出每个项目的前三名想法，用不同的便利贴分别加以记录。

活动

设计你的商品

将商品的要素进行组合，完善业务增长策略。

活动概述

之前已经就商品的三个方面有了好的想法。通过团队合作，从中找出创意性的商品组合，以便你能够选择最能解决你的突破性问题的商品。

所需时间
60~90 分钟

所需材料
马克笔、便利贴、白板、增长计划简报

活动步骤

1. 每人发放一份增长计划简报以及之前头脑风暴活动想出来的想法。在白板上面写上你的突破性问题，有几个就写几个。

2. 将白板分成三栏。产品、服务、客户体验各占一栏。分别贴上头脑风暴活动中选出来的前三个最特别、最有创意的想法。

3. 将团队分组。向所有人发放便利贴和马克笔。接下来就有趣了。要知道，你的商品是产品、服务、客户体验的独特组合。所以，让每个小组尝试进行不同的组合。如果组合过程中有好想法出现就最好了。可以通过可视化方式帮助理解。

4. 各小组进行讨论，评估各种可能的组合，然后决定哪一种组合最能解决突破性问题，符合增长计划表。最后给白板内容进行拍照记录。

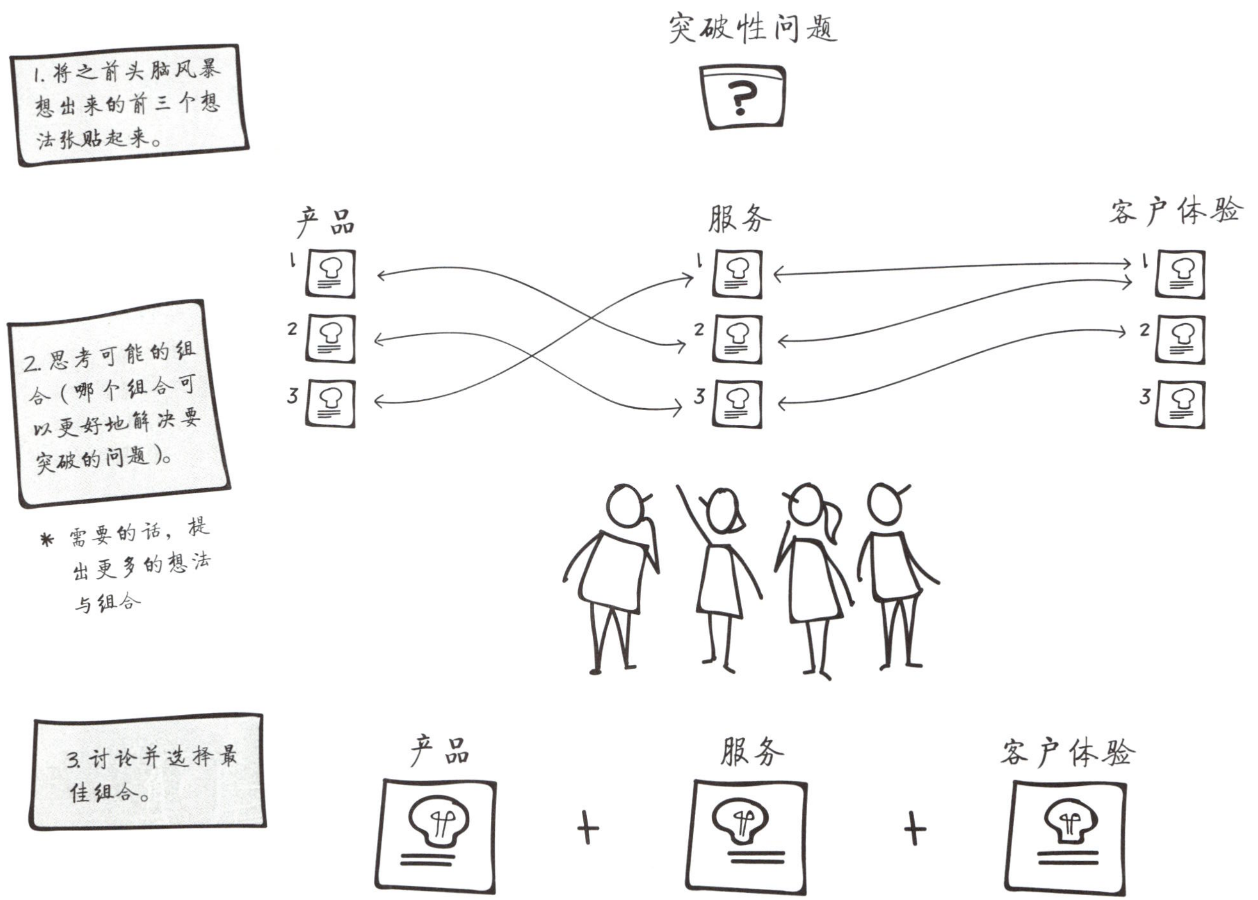
突破性问题
?
1. 将之前头脑风暴想出来的前三个想法张贴起来。
产品
服务
客户体验
1
2
3
2. 思考可能的组合（哪个组合可以更好地解决要突破的问题）。
* 需要的话，提出更多的想法与组合
3. 讨论并选择最佳组合。
产品
服务
客户体验
+
+

商业模式错了的话，

几乎就没有成功的机会了。

大卫·蒂斯，教授、组织学理论家

打造商业模式

近年来，人们对商业模式的概念都很感兴趣。这一概念随着互联网热潮慢慢地变成了主流，先是在管理实务中普及，然后又转到了学术界。虽然有关商业模式的论述很多，但是人们对这一概念还是有不少误解。所以，很多高层管理者对这个概念并没有形成共识，也开始对它失去了兴趣。

原因主要在于商业模式的定义有很多种，而且各不相同。我们不妨从四个角度来阐明商业模式，以便让大家有一个比较清晰的认识。

打造商业模式

静态角度

静态的商业模式主要考虑：什么是商业模式？这种角度着重考虑商业模式的定义、要件和组成要素，提供观念、文字、图像以及可视化的描述与表征。

静态角度下的定义可以提炼为以下主要部分：

- 资金、收入、利润、定价、成本；
- 资源、资产、竞争力、能力；
- 活动、流程；
- 策略、竞争优势、差异化、定位；
- 价值主张、收益、解决方案；
- 渠道网络、合作伙伴、供应商、生态系统；
- 客户、客户细分、目标市场；
- 商品、产品、服务；
- 管理、关系、合作；
- 组织。

定义有两种：一种是广义上的，会使用很多元素来定义商业模式，一般会包括客户、商品、盈利模式等；还有一种是狭义的，将商业模式定义为一系列的活动，关注由谁进行哪些活动，这些活动又是如何联系组织起来的，以及完成这些活动需要的资本以及能力。

动态角度

静态角度注重描述商业模式，动态角度却着眼于过程，关注商业模式的创新与变革。对这种创新与变革，有两种解释方案，分别是情景式和理性式的。

情景式认为，在具备了恰当的条件、适宜的文化、合理的组织架构、正确的领导风格的情况下，商业模式就会发生变革。理性式认为，管理人员可以通过进行特定的活动来主动构建新的商业模式。

这些活动通常包含以下四个步骤：

1. 通过分析，理解客户需求及商业环境；
2. 开发新的商业模式；
3. 通过实验对商业模式构想进行评估；
4. 执行、推广新的商业模式。

战略视角

战略视角感兴趣的是商业模式的创新与变革给利益相关者（比如客户、公司本身以及整个生态系统）所创造的价值。它将商业模式看作一种与产品及市场决策相配套的战略选择。有的人认为微小的改变就够了，也有的人认为大刀阔斧的创新才能创造出独特新颖的价值。比如亚马逊就因为其在线商业模式而得以从书籍扩展到其他全新的商品领域，一般书店的商业模式是做不到的。

运营视角

运营视角关注的是实施商业模式之后如何对其进行有效的运作、管理与控制。至于管理的目的是持续改进以提高效率还是保持增长，不同的人有不同的看法。

我们对商业模式的定义

我们将狭义的商业模式定义为一整套系统，其中包含创造及交付产品所必须进行的活动、这些活动所需要的资源、活动的具体过程及其先后顺序，以及进行这些活动的组织机构及其外部伙伴。

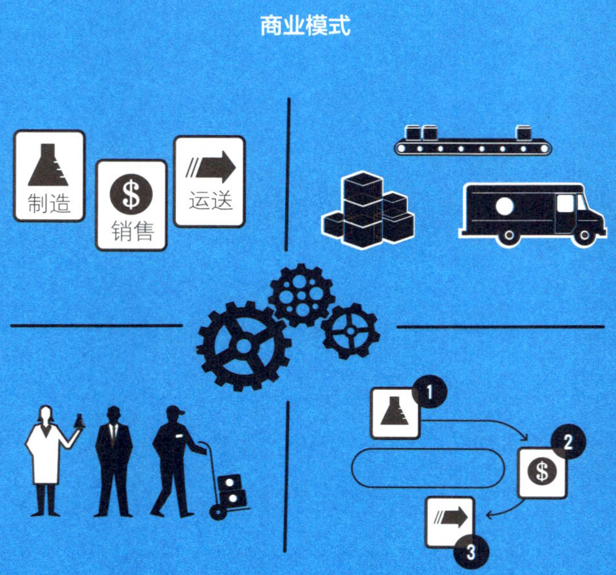

打造商业模式

商业模式组成部分

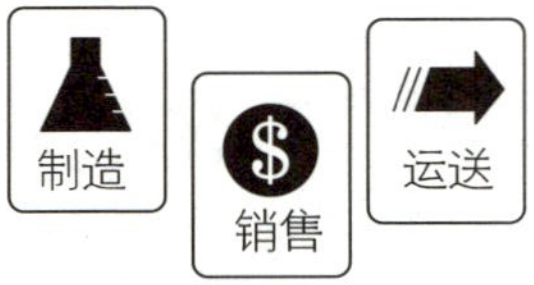

商业活动

哪些活动是商业模式的必要组成部分，又该如何进行这些活动呢？设计商业模式的时候，务必考虑到业务运营的各种活动并加以描述，同时也要创造并交付你的产品、服务以及客户体验，无论这些活动是由公司执行，还是把重点活动外包出去。选择活动时，需要考虑很多方面。想一想，哪些活动是最能满足客户需求的、不可或缺的呢？

我们来看下亚马逊。将商品从仓库发给客户是其商业模式的关键部分，这一环节必不可少。但是亚马逊将送货业务外包给了联邦快递、UPS、DHL 等合作伙伴。再看看宝洁公司的开放式创新法，研发新产品是宝洁公司商业模式的关键。宝洁公司的联结＋开发创新计划的正是以开放式创新为手段，从公司外部引进了创新构想，而不是一切都自己来。

还需要考虑到这些行动的形式，比如亚马逊的仓储形式就跟巴诺书店的不一样。有些活动必须详细说明其具体形式。

设计商业模式时要考虑的方面

客户管理	客户选择 / 定位、获取、保留、增长、营销、销售以及公关
创新 / 开发	研发；产品、服务以及客户体验的设计；流程规划
监管机关与社会状况	环境、安全与健康；政府事务；社区关系
基础架构及组织架构	人才选拔、招聘及管理；IT 架构管理与维护；运营服务器、网站、数据库、平台、应用等；数据收集与分析
财务与行政管理	财务、会计、行政

打造商业模式 商业模式组成部分

资源

打造商业模式需要执行的一些活动，需要哪些必要的资源、资产和技能？无论是谁提供或者拥有资产，也无论是谁从事这些活动，都需要思考从事这些活动需要什么样的资产和技能。比如饭店或者零售业通常都需要理想的地段才能做好销售。这些地段可以购买，也可以租用。不管怎样，地产资源都很关键。

同样，你们不一定要拥有所需的资源或者技能，但是一定要考虑哪些对你们的商业模式至关重要。比如爱彼迎和 eBay 这些在线平台。它们的商业模式要求其平台上必须有房间等产品，但是这些资源的所有者并不是它们。爱彼迎是世界上最大的住宿提供商，但是它们并不拥有那些房子。

要考虑的典型资源：

- 人才；
- 技能、能力；
- 专业知识、数据和信息；
- 技术与专利；
- 品牌形象；
- 设备、基础设施和生产设备；
- 渠道；
- 独家盟友、合作伙伴及特定的客户市场；
- 财务资源、资产、现金流、资本、市场融资能力；
- 地段（流量出口）。

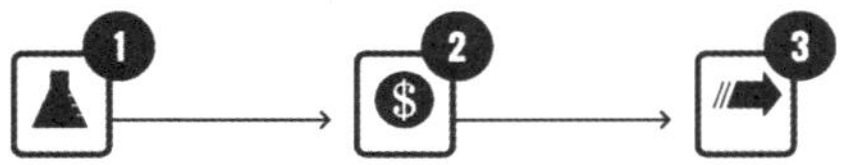

部署执行的顺序

商业模式相关活动的顺序决定了这些活动之间的联结方式。只要改变公司或者行业的价值链所涉及的活动顺序就能产生创新的商业模式。比如传统的制造业是这样的：采购原材料、储存原材料、生产、储存成品、运送到零售点，最后销售。

戴尔公司是第一家反其道而行之的电脑公司。首先由客户在线付款订购电脑，然后戴尔公司才去购买原材料，组装电脑后直接发给客户。因为是直接邮寄给客户，所以其中零售这一重要的环节给砍掉了。戴尔公司因此也就不需要储存原材料了。这种订单驱动的生产方式还避免了大量的库存。

再看看全球的汽车行业。美国的汽车是先生产然后由经销商销售，而欧洲则是按照订单进行生产。活动内容一样但次序不同，是为了满足特定地区的相应客户的需求。

要考虑的典型步骤：

- 采购原材料、购买必需品；
- 国内外物流与配送；
- 库存清查、仓储与库存管理；
- 运营、生产、组装、包装；
- 质量控制；
- 创新、产品研发和产品技术开发；
- 营销与销售、客户关系管理和市场调研；
- 销售、订单处理、票据和支付；
- 人力资源、招聘和员工管理；
- 售后服务、支持和保修；
- IT 处理流程；
- 法律、财务以及行政功能；
- 设备管理与维护。

打造商业模式　商业模式的组成部分

参与角色

商业模式中的最后一个元素涉及谁执行哪些活动，谁提供执行活动必需的资产和能力。关键问题是哪些活动对商业模式至关重要？你们公司有哪些资源可以用来从事这些活动？由谁来从事这些活动？提供必需资源的又是谁？

如果聚集所需资源的成本太高，又有专业的合作伙伴可以做得更好的话，最好外包。我们再来看下亚马逊。现有的物流公司发货上有优势，而亚马逊要打造自己的物流网络则成本太高。

选择合作伙伴的话，就得考虑如何与他们相处。是选择独家合作，亲密共事，还是将业务分给多家合作伙伴？

打造商业模式

实战中的商业模式

为了更好地呈现商业模式作为活动系统架构存在，以及不同的商业模式如何影响商业，我们以线上和线下商务为例来说明。如果你决定从事零售业，那至少可以采取以下两种商业模式：

1. 在实体店销售；
2. 在网上销售。

这两种方式涉及的活动不同，所需要的资源、资产与技能也不同。如果在实体店销售，就需要选好地址，为商品展示、库存以及销售人员提供相应的空间。在线销售则需要服务器，可能也需要仓库，另外还需要掌握不同技能的人（比如程序员、仓库管理员、客服）以及将产品发给客户的渠道。

亚马逊原来是在美国卖书的，但是后来亚马逊改变了书籍的售卖方式，创造了新的商业模式，用网络书店代替了传统的书店。亚马逊为买书的客户提供了方便，因为书籍会被直接送上门。这种商业模式要求亚马逊运作的活动机制不同于传统书店。

书籍销售：实体店与网上书店商业模式对比

	传统书店的零售商业模式	网络零售模式
关键活动	• 建立书店（选址、租赁、进货） • 库存管理 • 分发给各地书店 • 店内展示 • 店内服务 • 店内销售	• 中央仓储 • 物流 • 网站以及服务器管理 • 在线营销
所需资源	• 书店 • 人员 • 营销	• IT 技能 • IT 基础架构 • 中央仓储选址 • 与外包服务商合作物流配送
活动的流程顺序与联结方式	采购书籍，发往各地书店，分店销售	库存管理，直接卖给客户，不再以书店为联结方式
组织结构	由公司内部管理	配送外包

启发案例

伊顿–麦卡勒姆：重新定义咨询业的商业模式

连恩·伊顿（Liann Eden）和戴拿·麦卡勒姆（Dena McCallum）观察到了两种趋势，在此基础上发现了建立新型咨询公司的机会。第一个趋势是客户在进行采购咨询的时候越来越精明。很多客户本身就是咨询人员，并不需要庞大的咨询团队，只需要特定领域的高级从业者提供指导。第二个趋势是很多咨询公司的顾问热爱咨询工作，但又不想接受大公司业绩以及行政上的束缚。

更多的人希望做兼职咨询顾问，这在传统的专业服务公司里是很难做到的。伊顿和麦卡勒姆利用这两点，创建了新的商业模式，将传统的咨询和兼职从业结合起来了。

如何让商业模式奏效

伊顿–麦卡勒姆商业模式所涉及的活动和传统商业模式的没有多大差别。一样需要寻找客户，开发销售项目。但是在伊顿–麦卡勒姆公司，这些活动的组织方式完全不同。

伊顿–麦卡勒姆并不招聘咨询顾问。他们的 500 多名咨询顾问都是独立的。公司不需要给他们发固定工资，这对各方都有利。这样伊顿–麦卡勒姆就没有销售项目、为员工找活干的压力了。咨询顾问也可以选择自己感兴趣的项目，就跟客户可以选择自己感兴趣的公司一样。

伊顿–麦卡勒姆的合伙人不需要亲自负责客户的项目，而是将项目交给咨询顾问就可以了。咨询顾问也没有销售新项目的压力，那是合伙人的工作。咨询顾问只管集中精力把项目做好就行了。

因为成本比较低，所以向客户收取的费用也就比较低。但是咨询顾问依靠兼职依然可以赚得可观的收入。他们可以自由选择，想干多少就干多少，没有人强迫他们接新的项目。

因为咨询顾问在咨询时也非常独立，所以在伊顿-麦卡勒姆商业模式中，对咨询顾问的选择以及一定程度上的管理就变得非常重要。毕竟，这些咨询顾问是伊顿-麦卡勒姆公司最重要的资产之一。有专门的团队负责打造人才库，为咨询顾问提供服务，解决与咨询相关的问题。

公司合伙人可以集中精力开发业务，搞好客户关系。

启发案例

哈里斯兰登医院：重新定义医院的商业模式

苏黎世的哈里斯兰登医院是瑞士最好的私立医院之一，创立于 1932 年，隶属于哈里斯兰登医疗集团的成员。该集团于 1990 年由几家私立医院合并而成，自 2007 年以来就一直是南非医疗集团的成员。

世界上的医院一般采取两种商业模式。一种是主任医师制，这种模式下医生受雇于医院，向主任医师汇报。还有一种是私人执业制，这种模式下医生是独立的，跟医院关联性不强。

如何让商业模式奏效

哈里斯兰登医院用了五年时间，逐渐从原来的基础设施提供者转变为系统提供者。这种新颖独特的商业模式整合了主任医师制和私人执业制两者的特点。

在设计新的商业模式初期，哈里斯兰登医院询问病人是如何选择医院的，选择的理由又是什么。他们发现病人一般都是由家庭医生或者外科医生推荐来的。除了病人，医生其实也是医院的客户。为了给这类客户提供最好、最安全的服务，哈里斯兰登医院雇用了全科医生，并提供重要的基础卫生保健服务，比如全年无休急诊室、病患紧急处理、普通内科、外科、放射科、麻醉科、重症室、理疗、护理，等等。

为了管理协调这些活动，统筹安排医院聘请的以及独立执业的医生，哈里斯兰登医院创建了一种全新的组织架构，将医疗相关的所有服务重组成所谓的医疗系统。医疗系统由医生负责，这个医生和传统意义上的主任医师不同，不需要承担医疗任务，只需要专心管理好医疗系统。这种医疗系统不仅为病人服务，也为私人医生提供服务。

私人医生开业时医院会给予支持，而且一般是在属于医院的场地办公。该医生编制在所谓的“保护伞”之下成为以医疗需求为准的跨科中心的一部分，而非医疗专科的一部分。

为了给病人提供独特的医疗体验，哈里斯兰登医院还设置了优质服务组，提供所有非医疗方面的服务，水平可媲美五星级酒店。

哈里斯兰登医院商业模式的转型

	关键活动	流程	组织结构
旧有模式	• 重点关注自费病人的治疗 • 为私人执业医师提供基础设施	—	• 主治医师系统及组织架构 • 根据科室分组 • 全科医生、专科医生以及私人从业者都有
新模式	• 关注病人的满意度 • 接待自费病人以及有医保的病人 • 为私人执业医师提供解决方案 • 协调新设立的医疗系统内部的工作 • 创建优质服务 • 在策略、组织、营销上帮助私人执业医师	• 新的看病流程 • 不同部门之间的新流程 • 实现流程与质量的标准化	• 将主治医师与私人执行结合起来 • 新的组织架构以医疗系统为基础，重组普通医疗服务 • 新的优质服务组重组了非医疗服务 • 医学中心和私人从业者以医疗需求为中心 • 聘用全科医生 • 专科医生可担任私人执业医师

商业模式灵感

设计全新商业模式的八种方法

建立新的商业模式或者对现有商业模式加以改进需要综合考虑行动、资源、顺序、角色等因素进行综合考虑，统筹安排。下面是一系列商业模式思路，为的是启发大家设计自己的商业模式。设计的时候，要把你对客户及非客户的理解、他们的需求，以及你们公司和整个生态系统都考虑进去。

我们建议一个个尝试这些思路，考虑各种可能性。不要担心走极端，极端路线往往有合理的成分。想出多种可能之后，还可以尝试将它们进行组合。看看会有什么新想法出现。

评估

评估你的资产，制作自己的汉堡包

1 评估现有的商业模式

创立新的商业模式往往可以从评估现有的商业模式开始。很多公司并不怎么理解自己的商业模式。思考一下当前的商业模式，找出它的价值、基本的重要活动、资产以及流程，洞悉其特点所在。它有什么特色吗？再看看行业内的其他商业模式。可以取不同商业模式之所长，获得灵感。伊顿-麦卡勒姆公司和哈里斯兰登医院就是这样。思考你发现的机会，想想可以怎样改进你的商业模式，以更好地满足客户和非客户的需求。

要考虑的问题：

- 我们最宝贵的资产是什么？
- 价值链中哪些活动是我们完成得最好的？
- 价值链中哪些活动是在业内取得成功的关键？
- 业内的主流商业模式都是怎样的？
- 各个商业模式都有什么优势和劣势？
- 我们从事的各项活动之间协调吗？
- 我们从事的各项活动会相互促进吗？
- 我们从事的各项活动能不能满足客户的期望？

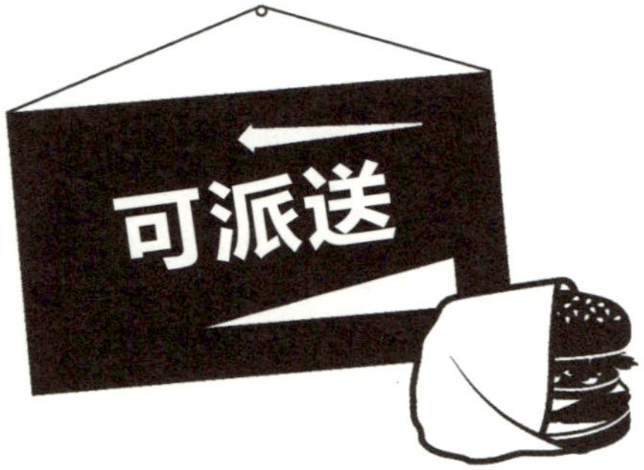

新活动

送货上门或者外带服务

2 引入新活动

引入新活动可以促进业务增长，促生新的商业模式。亚马逊通过卖旧书这一活动，带来了 20% 的图书销售收入。在亚马逊退货，用户不用出钱，这一举措大大提高了客户体验，扫清了网上购物的障碍。增加新活动还可以是整合价值链上的某些环节，这些环节传统上一般是由供应商提供的。所以，所谓的整合意味着增加价值链中上下游的活动。

需要考虑的问题：

- 我们需要增加哪些活动才能满足客户需求？
- 在必须执行的活动中，哪些是我们的核心能力？
- 哪些活动并不能为客户带来价值？
- 价值链中的哪些新活动可以提升客户体验？
- 价值链中有可以被淘汰的活动吗？
- 哪些活动不合时宜，可以淘汰？
- 哪些行动可以外包出去，甚至外包给客户？

拆解

订购制作好的汉堡包，简化供应链

3 拆解商业模式

新的商业模式可以通过增加新的活动得到，也可以通过简化现有的商业模式得到。传统的电信从业者的商业模式有三大主要活动：1. 组建网络；2. 营销、销售、合约管理；3. 内容开发，比如提供音乐服务。

印度领先的电信公司巴帝电信（Bharti Airtel）就简化了传统的电信商业模式。它把重点放在核心业务上，将组建网络以及内容产品都剥离出去，外包给了合作伙伴。这样，巴帝电信公司就可以集中资源，专注于其独特的核心优势。通过按使用量向网络提供商付费的方式，巴帝电信公司的商业模式将固定成本变成了可变成本，不用巨额投资建网，就取得了财务优势。

重新思考相关的活动，有时候取消一些活动就行。比如宜家，它的商业模式就是剥离送货和组装，让用户自己完成这些工作。

要考虑的问题：

- 我们的核心优势是什么？
- 哪些活动由别人来做更好？
- 简化商业模式可以怎样帮助我们将人力财力集中在核心优势上？
- 哪些环节可以为顾客创造真正的价值，从而让我们脱颖而出？

合作

与当地供应商合作，提供有机产品

4 与供应商、合作伙伴、人脉以及生态系统合作

你的商业模式中一些必须要执行的活动，可能并不是你的核心优势所在，你可以跟业内供应商及合作伙伴合作。其实有些业务没有合作伙伴根本无法展开。成功的商业模式开发人员不会只将合作伙伴看作供应商，而会试图与业内各方建立起真正的增值关系。

来看看之前分析过的一些例子吧。亚马逊需要跟物流公司合作才能送货，巴帝公司少了网络提供商就没法运行，伊顿–麦卡勒姆公司和哈里斯兰登医院跟独立的合作伙伴关系不好也根本不行。平台性的公司，比如优步、eBay、爱彼迎、伊顿–麦卡勒姆等，其供求两端都是靠其他人完成，少了它们根本就谈不上什么业务。

要考虑的问题：

- 我们最擅长哪些活动？
- 如果起用供应商或合作伙伴，而不是利用内部资源的话，成本会发生什么变化？
- 哪些活动不必由我们亲自执行？
- 我们有独家合作伙伴吗？
- 怎样利用与业界各方的关系？
- 怎样搞好与合作伙伴的关系，创造独特的商业模式？
- 如果重新来过的话，哪些活动我们自己做，哪些活动我们交给合作伙伴做？

新的活动顺序

将后付款改成先付款。不在店里吃，而是打包带走。

5 以不同的顺序重组活动

改变活动的顺序是另一种设计商业模式的方法。前面也说过，戴尔公司改变了传统的活动顺序，先卖后生产。时装品牌 Zara 将以春夏、秋冬为单位的传统商业模式变成了每个月都是新周期，甚至把销售数据反馈给了生产商和物流单位。所以，Zara 就不用在店里将衣服存上一整季，而是每天往店里送货。这一数据还可用来预测流行趋势，有益于后面的产品设计和生产。

这种快速更新的做法让 Zara 新品上市的周期缩短到了一个月，甚至一个星期，所以客户会更加频繁地逛店看新品。一般的服装商从设计到销售要 1.5 年，而 Zara 只要 20 多天。这种进程自动化以及按需生产的策略，也是一种重组新活动的方法，创造了新的商业模式。

要考虑的问题：

- 可以重新设计关键流程以提高效率和效益吗？
- 怎样利用数据改进流程？
- 如果彻底颠覆流程，会怎样呢？
- 如何能将供应链整合进去？

新用途

下午没人的时候将餐厅出租给公司办公使用

6 赋予你的资产与资源新用途

新的商业模式可以通过思考如何利用现有的资源得来。想想航空公司和酒店，同样的资产，不管是飞机还是酒店，都可以用来招待不同的客户群，可以设置经济舱、商务舱，还有头等舱，房型可设置成单间、标间、小套间，还有套间。巴帝公司和 T-Mobile 两家电信公司利用其用户群推销其他的产品与服务，比如在线音乐。德国的 T—Mobile 则拥有声破天这样的一流媒体服务。

要考虑的问题：

- 可以利用我们的资产创造新业务吗？我们的核心资产是什么？
- 拥有这些资产的优势是什么？
- 现在这些资产被用在什么地方？
- 还有什么别的利用资产和资源的方法吗？
- 我们有哪些资产是独家的，不能被别人轻易模仿或替代？

重新思考

开连锁饭店，反思你的渠道

7 优化你的渠道

很多商业模式的创新源于公司与客户互动方式的改变。直销或者非直销、开加盟店、开连锁店、特许经营等都是可以考虑的策略。戴尔和亚马逊绕过分销商，选择了直销。喜利得自己销售，以更好地把握客户体验，而其竞争对手 Black & Decker 和博世则通过中间商销售商品。航空公司和连锁酒店在自营网站上提供十分优惠的价位和产品，第三方就显得没有什么吸引力了。

要考虑的问题：

- 我们的客户何时何地在什么情况下会需要 / 购买 / 使用我们的产品或服务？
- 客户找到、购买我们产品的难易程度如何？
- 跟我们的公司合作、互动难不难？
- 我们的渠道和流程与客户的需求同步吗？
- 应该怎样提高客户整体的购买体验？
- 怎样抵达非客户？
- 可以开发哪些新的销售渠道和前所未见的创新点？

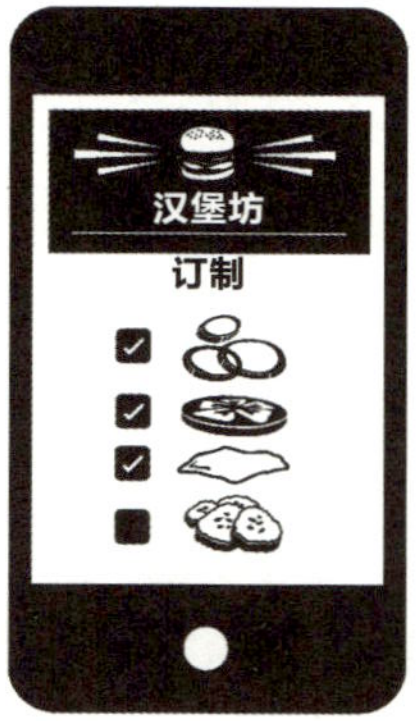

数字化转型

通过网上订制，实现数字化转换

8 数字化转型，将各种活动放到线上

商业模式数字化就是说将各种活动上线，让原来不可能的活动成为可能。比如Zara之所以能实现供应链管理，就是因为技术将销售、设计和制造紧密结合在了一起。亚马逊、iTunes、奈飞、声破天、优步、爱彼迎、eBay、Facebook等公司没有当代科技根本不可能出现。

Live-Frischetheke是德国的一家肉铺，客户可以在线跟老板聊天，亲眼看到自己将要收到的产品。可以询问老板六个人大概需要多少肉、如何烹饪，以及肉可以在冰箱里放多久等问题。老板可以通过视频向客户展示他们将会收到的产品的实际大小，以免与预期不符，这样客户就能放心了，他们一定会收到所需产品。肉品真空包装，快递发货。DHL和UPS这样的合作伙伴也是最近几年才引入生鲜品快递服务的。

要考虑的问题：

- 哪些活动可以搬到线上？
- 怎样才能有效地提升客户体验？
- 哪些活动需要搬到线上才能提升客户体验？
- 怎样才能利用技术，提高科技感，方便触摸操作？
- 我们是否需要依赖传统渠道？
- 我们的客户体验如何？
- 渠道是不是满足购买流程的每一个环节？
- 跟我们公司合作是否容易？

活动

可视化现有的商业模式

可视化公司现有的商业模式，以求创新。

活动概述

将你们的商业模式可视化，列出其组成部分，包括：活动、资源、流程、角色等。这种方法还可以用来创立全新的商业模式。

所需时间
60~90 分钟

所需材料
每张便利贴只写一个内容，全都贴在白板上。

活动步骤

1. 向所有参与人员发放便利贴和马克笔。让大家列出为出售商品所从事的活动。可以参考本书列出的活动想想新创意。一张便利贴写一个活动，然后贴到白板上。

2. 根据“绘制资源图”活动的成果，将你们拥有或者可以利用的资源，与现在列出的活动配对。

3. 将“绘制生态系统图”活动列出的角色指派给各个活动与资源。对于每一项活动，确定由谁执行；确定每一个资源由谁提供。角色可以是内部团队，也可以是业务组或者外部人员。

4. 用箭头标出系统中各个角色从事一系列活动与交易的顺序。建议用不同的颜色将有形资源与无形资源区分开来。

5. 审核最后的商业模式，跟团队一起确认其中的活动、资源、角色以及流程。考虑从公司其他人员身上寻求建议与反馈。最后对白板内容进行拍照记录。

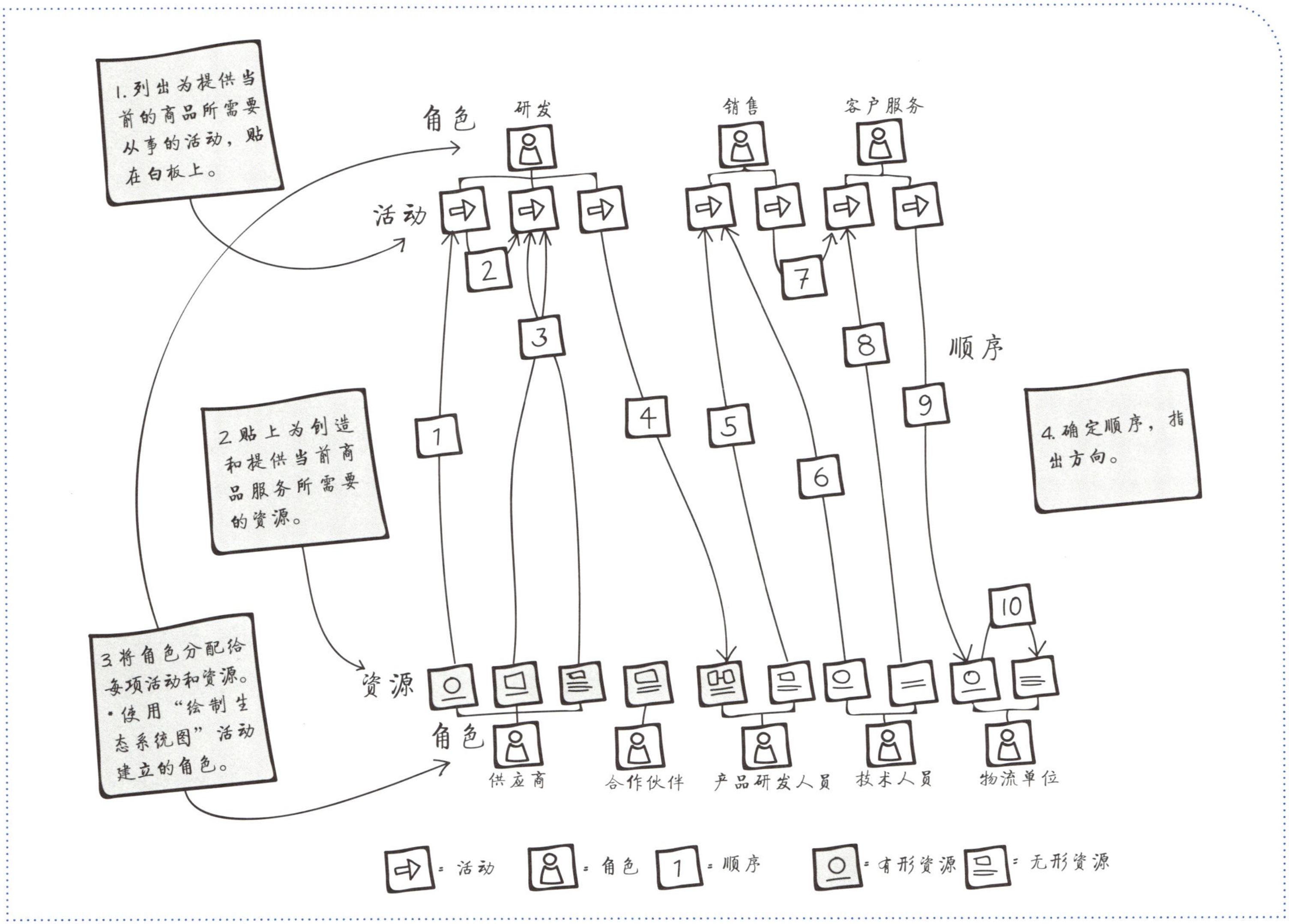
1. 列出为提供当前的商品所需要从事的活动，贴在白板上。
2. 贴上为创造和提供当前商品服务所需要的资源。
3. 将角色分配给每项活动和资源。
• 使用“绘制生态系统图”活动建立的角色。
4. 确定顺序，指出方向。
角色
研发
销售
客户服务
活动
顺序
资源
角色
供应商
合作伙伴
产品研发人员
技术人员
物流单位
1
2
3
4
5
6
7
8
9
10
= 活动
= 角色
= 顺序
= 有形资源
= 无形资源

活动

设计新的商业模式

利用一系列商业模式灵感提问，跟大家一起探讨新的商业模式。

活动概述

将现有的商业模式和商业模式灵感可视化，就活动、资源、角色、顺序提出新想法，设计新的商业模式。

所需时间
60~120 分钟

所需材料
马克笔、便利贴、白板、现有商业模式和商业模式灵感

活动步骤

1. 将商业模式灵感以及之前做的商业模式图打印出来。向所有人分发便利贴和马克笔。将人们分成三组或四组。每一组占据白板上的一栏，每栏上面分别标上活动、资源、角色、顺序的字样。最上面标明“突破性问题”。问题不止一个的话，那就每个问题各占一栏。

2. 团队进行头脑风暴，想一想商业模式的这四个方面分别需要填上一些什么才能解决突破性问题。先从创造销售商品所需进行的活动开始。不要担心每个方面产生的想法太多，要知道这本来就可能是个充满创造性的过程。

3. 考虑活动的顺序。是否可以重组顺序，创造出新的商业模式？试试将顺序倒过来看看。

4. 设计了顺序之后，再为各个环节分配相应的资源以及从事这些活动的角色（无论内外）。在考虑了一个组成部分之后，再回过头来看看商业模式的其他几个组成部分，看是不是能衔接起来。

5. 让各个小组浏览商业模式灵感，看看哪些可以激起新的想法，能不能对商业模式加以改进。再次在活动、资源、顺序、角色四个栏目里写上你的想法。如果改动不大，可以直接在现有的商业模式上加以修改。

6. 各小组交流想法。一起寻找商业模式的优缺点。然后选出一两个最好的商业模式。最后对白板内容进行拍照记录。

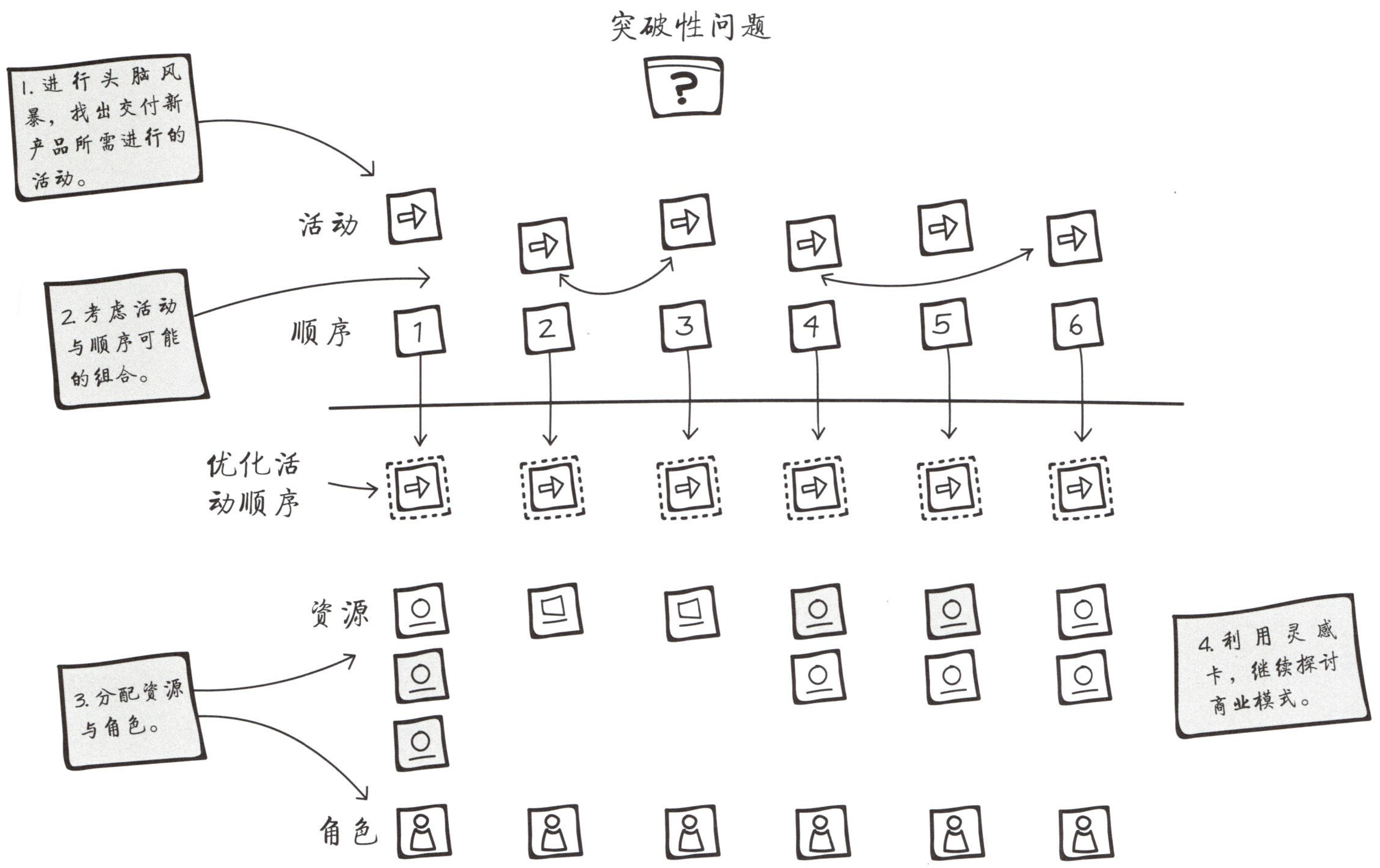
突破性问题
1. 进行头脑风暴，找出交付新产品所需进行的活动。
活动
2. 考虑活动与顺序可能的组合。
顺序
1
2
3
4
5
6
优化活动顺序
资源
3. 分配资源与角色。
角色
4. 利用灵感卡，继续探讨商业模式。

活动

打破商业模式的既定假设

换一个思路，以全新的眼光去寻找新想法、新观念。

活动概述

打破商业模式的既定假设，鼓励团队形成新思路，寻找新方法，创建新的商业模式。

所需时间

60~120 分钟

所需材料

马克笔、便利贴、白板、“设计新商业模式”活动的成果。

活动步骤

1. 将白板分成四栏，分别以活动、资源、顺序、角色做标题。然后在标题右边分两列，分别写上“现有的假设”和“新假设”。向所有人发放便利贴和马克笔。

2. 让参与者仔细审阅商业模式的几个方面及其相对应的各种元素。讨论哪些假设会为这些方面提供支撑。

3. 在“现有的假设”一行，让参与者写下他们认为当前商业模式所隐含的假设。就各个方面展开讨论，交换意见，找出关键的假设。

4. 好玩的要开始了。让参与者在“新假设”一栏列出与“现有的假设”相反的内容。然后，讨论大家的想法，选定各个方面的“新假设”。

5. 留出充足的安静时间，让大家写下尽可能多的点子，根据“新假设”构建商业模式。想象并描述“新假设”都有些什么要求。不要武断拒绝这些新假设。让所有的参与人员都有机会分享自己的想法。

6. 在所有人都分享了自己的想法之后，对这些想法加以发展与提炼，形成新的想法。目的是用不同的假设，从不同角度看待商业模式，从而找出改进最初版商业模式的方法。如果有好的想法的话，就回头对商业模式加以修改。最后对白板内容进行拍照记录。

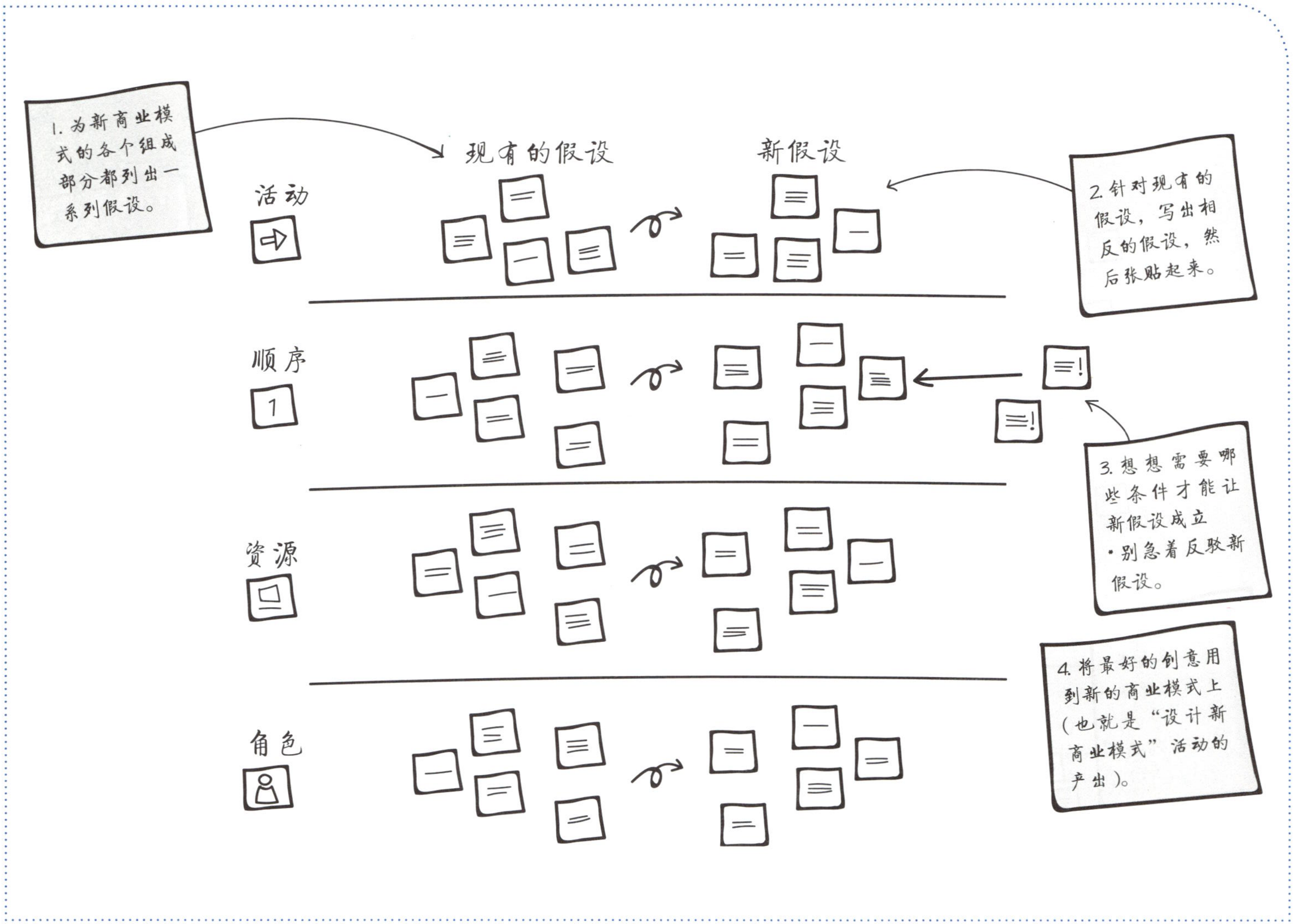
1. 为新商业模式的各个组成部分都列出一系列假设。
现有的假设
新假设
2. 针对现有的假设，写出相反的假设，然后张贴起来。
活动
顺序
资源
角色
3. 想想需要哪些条件才能让新假设成立
• 别急着反驳新假设。
4. 将最好的创意用到新的商业模式上（也就是"设计新商业模式"活动的产出）。

提醒大家利润是收入与支出的差额，这会显出你很睿智。

斯科特·亚当斯，漫画家

构建你的盈利模式

敲定商品的交付内容、设置商业模式是增长战略的重要元素，但是创新的盈利模式一样可以促进业务增长。盈利模式有三个要素：

1. 收入流；
2. 定价机制；
3. 支付机制。

之前喜利得的例子就说明，新的商业模式意味着盈利模式也会发生变化。喜利得的工具租赁业务将购买时一次付清的收入方式转变为按月付款的收费模式。

构建你的盈利模式

收益流

钱从哪里来？花在什么地方？收入流就是公司获取钱财的途径或者说客户为什么东西花了钱？

用户并不都是付费者。比如搜索引擎公司，用户可以免费使用其搜索服务，但是打广告要花钱。电视台播放电影是免费的，但也要收广告费。

免费增值模式是指基本的产品或者服务免费，但是高级功能需要付费。美国的摇滚乐队 9 英寸指甲（Nine Inch Nails）发布专辑《鬼魂》（*Ghosts*）时就成功地利用了这一策略。发行的第一周就赚了 160 万美元，单看不是特别多，但是要知道这是他们在没有跟唱片公司合作的情况下取得的成绩。这支乐队在发行这张专辑之前，也就是 2007 年就跟唱片公司解约了。他们也没有在 iTunes 上出售专辑，而是在他们自己的网站上提供免费下载。

他们是怎么赚到 160 万美元的呢？他们发行精装版 CD，以及豪华版和限量版产品。

有两家咖啡连锁店就在成熟的行业里设计了创新的盈利模式，它们是法国的 AntiCafé 和俄国的 Ziferblat。两家公司都不是按照顾客食用的咖啡或者食品收费，而是按照顾客在店里所待的时长收费，咖啡和食品不要钱。AntiCafé 提供以小时、以天、以星期乃至以月计费的套装收费方式。

想想也就明白背后的逻辑了，在巴黎或者伦敦这样的城市，房租才是咖啡店成本的大头，而不是咖啡。所以按照最宝贵的财产收费也就很合理了。

四季酒店、费尔蒙、丽思卡尔顿酒店以及凯悦酒店等将私人飞机及不动产所有权分给他的客户，这样给自己带来收入的同时，还让客户拥有了一系列资产。另外，客户还可以从他们所投资的资产中获得了升值收益。

订阅式或者会员制模式，可以使人们在没有所有权的情况下获得使用权。数字产品就很流行这种做法，特别是软件、音乐视频等。Blacksocks 公司甚至将袜子的购买变成了这种模式。健身行业就是靠会员制发展得红红火火，但其实大多数顾客去得都很少。

还可以利用现有资产推出新的产品或服务，从而取得新的收益流。比如，亚马逊的商业模式的关键资产是仓储及 IT 基础设施。所以，亚马逊就利用这些资产推出了亚马逊网络服务，获得了新的收入。德国铁路公司就提供一种叫作 Flinkster 的拼车服务，获得了三种收益流：月费、根据时长计算的租用费和广告费。

可供参考的收益流

- **销售**：销售产品，比如汉堡。
- **订购**：月度或者年度固定费用。比如，允许会员每周可以吃五个汉堡的年费。
- **分级订购**：不同的订购费可以享受不同的服务。比如初级的每周可以吃两个汉堡，高级的每周可以吃五个汉堡，外加一周七天都可以去餐馆。而 VIP 客户则享有快速通道、VIP 座位、免费饮料、汉堡数量不限制等特权。
- **会员费 + 使用时收费**：一次性缴纳的会费，加上每次的具体使用费用。比如，缴纳基本月费就可以保证拥有位置，然后每个汉堡另外收费。
- **广告**：租用你的资产和场地投放广告。比如在菜单、电视屏幕、杯具上设置广告。
- **赞助**：和广告很像。由第三方付费以便接触你的客户或者从你的形象中获益。比如，可口可乐公司可以为 VIP 客户提供免费汉堡。

构建你的盈利模式

- **共同持有**：将产品卖给多个客户而不是一个。比如，私人飞机或者度假房由多位客户共同持有，或者会员们向私人汉堡坊团购大量汉堡，等等。
- **授权 / 加盟费**：授权别人使用品牌、商标等各种知识产权。比如汉堡王自己并不经营任何餐馆，只是提供品牌给独立的加盟商使用。公司还可以收费让别人在其他领域使用它们的商标。
- **按次收费**：每次使用产品或者服务时收费。比如，不按月收取会费，而是每次去健身房才收费（把吃进肚子里的汉堡都消化掉）。
- **租赁而不是出售**：不是售卖产品让渡所有权，而是收费让人获得使用权。比如，软件即服务，或出租厨房供人使用。

定价机制

定价机制就是你们的产品或者服务收费多少以及如何定价。传统上，价格是固定的，主要参考成本和竞争对手的价格。

创新的定价机制是让客户决定他们愿意出多少钱。比如，汉莎航空公司就让客户决定愿意花多少钱升级到豪华经济舱。航空及酒店业按照不同的服务标准以及需求情况设置了不同的价格。同一间客房，假期时候的定价是平常的三四倍。

蓝海战略框架认为，价格应该可以让大多数买家接受。所谓的价格门槛并不是由竞争对手决定，而是应该参考客户提及的替代品的价格，因为它们可以满足同样的需求。确定了大众价格门槛之后，根据你的商品容易被模仿的程度，制定高档、中档或低档的价格。竞争对手越容易模仿的产品，价格就应该定得越低。

定价应该考虑的问题

- 固定价格：商家确定的固定价格。
- 弹性价格：数量、季节不同，价格也不同。
- 依功能定价：功能越多，价格越高。
- 依客户特性定价：比如，忠诚的老客户会有折扣，海外客户购买则价格比较高。
- 依购买数量定价：买得越多，单价越低。
- 依价值定价：不是按成本加预期利润来定价，而是依据对客户价值的高低定价。
- 可商议定价：价格由买卖双方协商而定。
- 依需求定价：需求越大，定价越高。需求越小，定价越低。
- 拍卖式定价：买家之间相互竞争，价高者得。
- 反向拍卖定价：卖家报价，如果无人应答，则降低价格，直到有人购买。
- 任意让客户自定义定价：卖家无条件接受买家的报价。
- 统一定价：类似自助餐，想吃多少吃多少，价格一样。
- 依性能定价：卖家要完成事先商定的性能 / 效果，完成之后客户再付费。
- 免费增值定价：基本服务免费，额外的功能则需要收费。
- 溢价定价：定价不是依照实际成本来进行，而是受品牌、形象、排他性等因素影响。

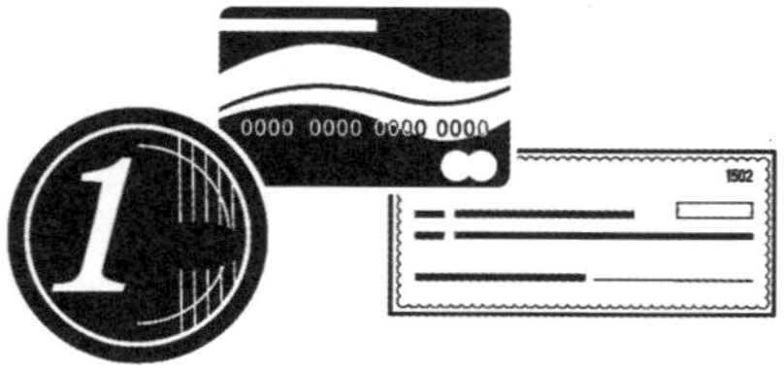

支付机制

支付机制说的就是支付的时机、频率和形式。

支付时机可以是先付款，也可以是在收到产品或接受服务之后付款，还可以分期付款。频率可以是一次性付讫，也可以是多次缴清。支付形式包括现金、信用卡、电汇以及 PayPal，亚马逊支付、比特币，还可以由你们公司支付。比如，汽车销售公司一般都配套有金融服务。

德国的土星公司以及万得城（Media Market）电器商场就提供零首付分期付款，其客户可以每月缴费，而不用一次付清。

下面是一些可以考虑的支付机制。

时机：

- **预先支付**。买家在收到产品或服务之前支付；
- **事后支付**。买家在收到产品或服务之后支付；
- **分期付款**。不是一次性付全款，而是在收到货品之后按月付款；
- **会员**。交月费或者年费；
- **生产前收款**。买家在卖家开始投资生产产品或提供服务之前付款。

支付方式：

- 现金；
- 信用卡；
- PayPal；
- 亚马逊支付；
- 比特币；
- 电汇；
- 支票；
- 银行转账。

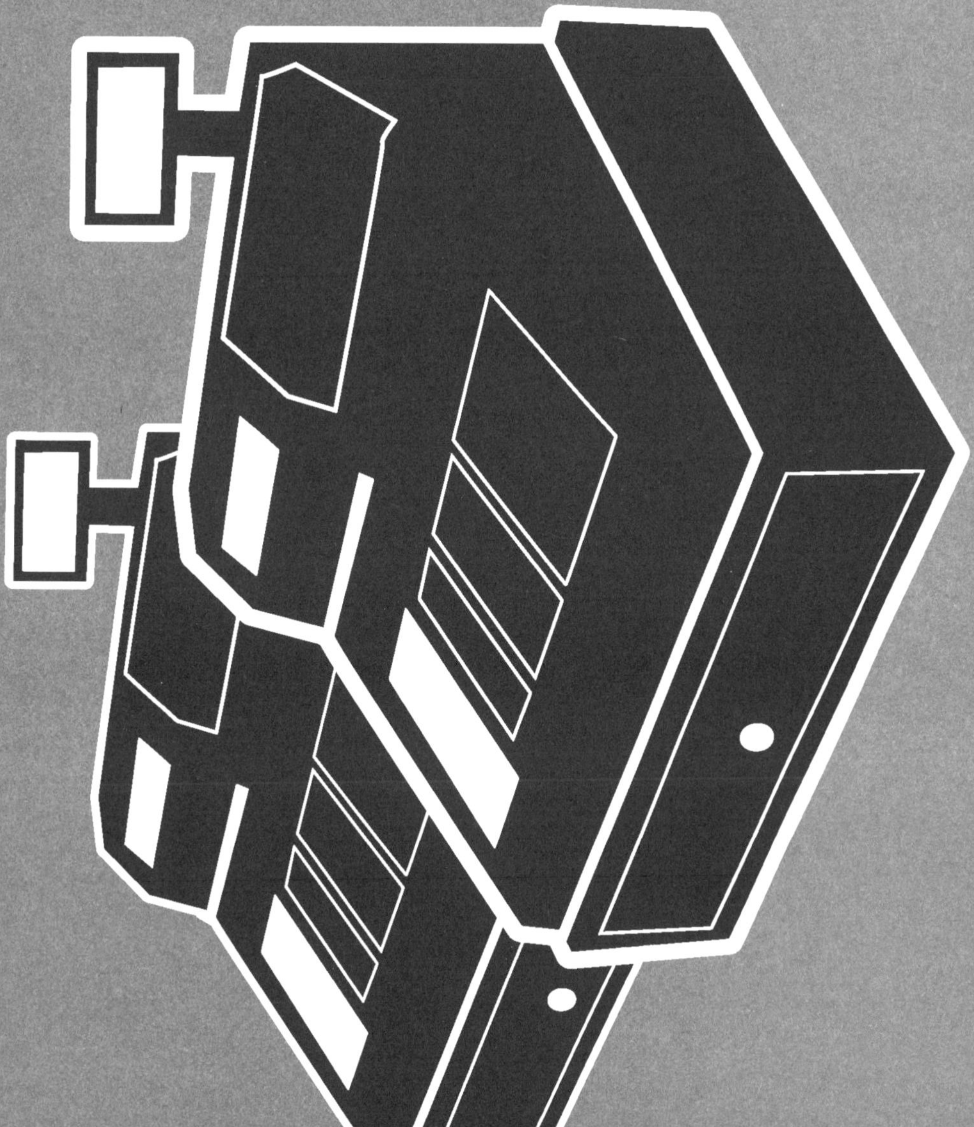

启发案例

德国广播电视集团：为非顾客提出一个新的支付模式

我们第 1 章提到的德国广播电视集团，其新业务就是建立在全新的商业模式之上，德国广播电视集团通过这种商业模式，向那些之前被业界忽略的客户投放电视广告。典型的电视广告客户都是些国际公司，它们购买大量的广告时长，取得的折扣也很低。那些初创公司或者中小公司则出不起巨额费用，也买不了那么多。

德国广播电视集团公司创立了一种新的盈利模式。其客户除了缴纳固定会费之外，还可以选择以收益或者股票来换取广告时间。所以，那些公司客户不需要直接花钱购买广告时间，而是可以用其收益的一部分冲抵广告费用。那些初创公司可以借助媒体促进销量，而德国广播电视集团则可以在它们首次公开上市时获得股票收益。

这种盈利模式让那些之前的非客户变成了客户，德国广播电视集团提供的服务对它们很有吸引力。德国广播电视集团还在这种新的收入模式上更进一步，开发出了全新的商业模式，有策略地投资特定的公司和行业，进行投资组合，在在线旅游、家居、时装等行业取得了领先地位。

德国广播电视集团在新的盈利模式下更进一步，开发出了全新的商业模式。

启发案例

华氏212度：盈利模式的创新

位于纽约的咨询公司华氏 212 度，其业务就建立在创新的盈利模式基础上。咨询业的收入模式一般都是按照客户咨询的时间长度收费。有时会按照项目收费，但是依然会参考项目所花的时间。

在华氏 212 度的盈利模式中，2/3 的咨询费都是根据它们公司取得的阶段性成果决定的，所以是多次付费。因为是取得一个成果之后再付费，所以为客户降低了咨询不起作用却要付费的风险。华氏 212 度将其 2/3 咨询费的一部分与客户商业上的收益挂钩，从而在项目费用之外又获得了另外一笔收入。随着经验的积累，它们收取的费用也比初期提高了，一般也是根据它们为客户创造的价值来定价，而不是简单的成本加利润定价方式。

826 瓦伦西亚：结合项目创造新收入

位于三藩市的非营利组织 826 瓦伦西亚（826 Valencia），其使命是提高 6 到 18 岁学生的写作技能。开始的时候它们只是进行课后辅导，多年之后就慢慢运营一系列科目了，比如郊游、暑期学校、工作室等。826 瓦伦西亚最有创意的地方在于它在辅导中心前面开了一家售卖海盗用品的商店，因为它们的辅导服务是免费的，所以需要一些收入来支持。这家老店的地段非常适合售卖海盗用品。美国各地的 826 店铺都是这样：纽约有一家超人装备店；洛杉矶有一家店的主题是时光旅行。

如果想深入了解 826 瓦伦西亚，不妨看看其创始人戴夫·艾格斯（Dave Eggers）2008 年获 TED 奖时的视频，戴夫讲述了 826 瓦伦西亚的历史。

盈利模式方面的灵感

敲定盈利模式是决定你业务增长战略关键的一步。需要完美平衡收益流、定价以及支付机制，才能确定最佳的盈利模式。下面是一系列盈利模式方面的灵感或者说想法，可供参考。设计盈利模式的时候，要以方便交易、满足客户和非客户需求为宗旨。

收益流

- 我们现在的收益流是什么？
- 我们的客户购买的具体产品或服务是什么？
- 我们如何利用自己的资产创造更多的收益流？
- 对客户和非客户而言，价值最大的产品或服务是什么？
- 如果我们将核心产品免费会怎么样？怎样可以做到依然赚钱？收益流是什么？

定价机制

- 我们的价格大多数人承受得起吗？
- 类似品、替代品的价格如何？
- 我们定价的依据是什么？成本、竞争对手的定价、性能、创造的价值还是其他？
- 什么决定了价格？

支付方式

- 什么时候让客户付款？
- 需要提前收款吗？
- 可以接受分期付款吗？
- 支付是否方便？
- 客户倾向于哪一种支付方式？
- 可以引导客户提前付款吗？
- 可以让客户在购买或消费的具体环节付款吗？

活动

盈利模式卡分类

盈利模式卡可以帮助探索、定义、设计你的盈利模式。

活动概述

盈利模式卡可以帮助我们更好地对不同的收入流、定价机制及支付方式加以选择。

所需时间
60~120 分钟

所需材料
马克笔、便利贴、增长计划简报、突破性问题、盈利模式想法，以及盈利模式灵感

活动步骤

1. 准备盈利模式三大组成部分（收益流、定价机制及支付方式）的选项，可自行制卡，打印出来，也可以从我们的网站（www.theartofopportunity.net）下载盈利模式图，然后打印、剪裁。

2. 将卡片分成三叠，分别对应收益流、定价机制及支付方式。

3. 将人员分成两到三组。确保每组卡片大家都看得见。以增长简报为指引，让大家集思广益，思考这些卡片各种可能的组合，同时参考盈利模式相关的想法。将这些想法写到白板上。白板分成三栏，分别标注为收益流、定价机制、支付方式。

4. 让所有人简述自己的组合，并留出集体讨论的时间。各个组合是不是都克服了某些障碍，满足了客户或者非客户的需求？

5. 在所有人都分享了自己的想法之后，开始集体讨论，对这些组合加以改进，并在其基础上产生新的想法。可以按照下面这些标准来考虑：最佳；最差；最具创新性；公司、行业内、全世界都不曾出现过的、绝无仅有的新事物。最后将所有的组合进行拍照记录。

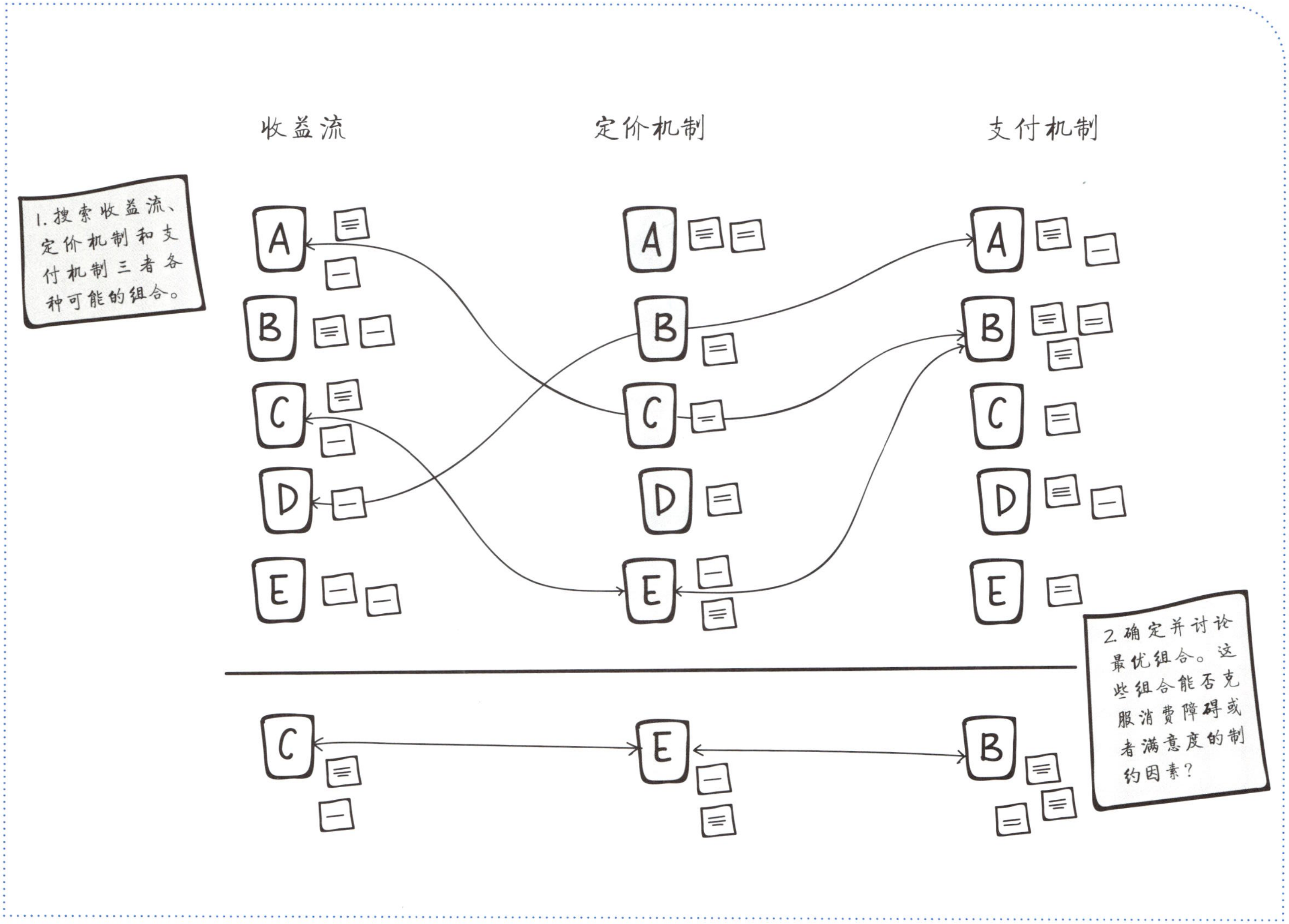
收益流
定价机制
支付机制
1. 搜索收益流、定价机制和支付机制三者各种可能的组合。
A
B
C
D
E
2. 确定并讨论最优组合。这些组合能否克服消费障碍或者满意度的制约因素？

确定你的战略：创造价值

我们已经考虑了各种各样的确定战略的方法，针对商品、商业模式、盈利模式也给出了多种选择。是时候做出决定，敲定你认为最有利于业务增长的战略了。怎样评估战略成功的可能性呢？

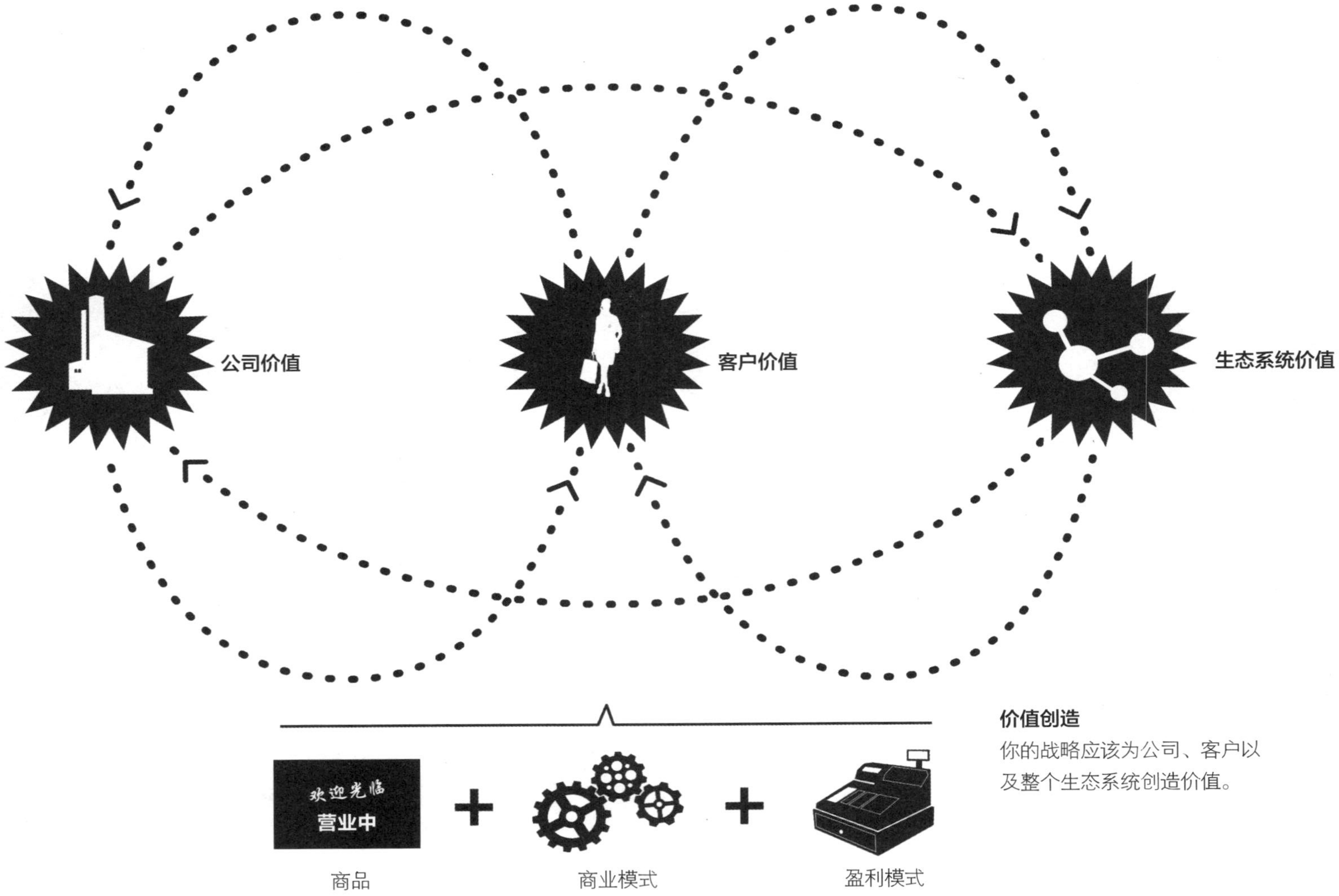

价值创造

你的战略应该为公司、客户以及整个生态系统创造价值。

创造价值

想一想如何在当今的商业环境中获胜。现在的赢家不是靠低价或者差异化取胜，而是要靠为相关各方创造出价值来制胜。你的增长战略应该为下列对象创造价值：

1. 客户；
2. 公司；
3. 生态系统。

以创造价值及利益为标准来评估可能的战略，可以帮助你选定好的战略。实际上，上述三种价值可能有先后之分。如果你的战略可以为这三个群体创造出很大的价值，那你就会很成功。

创造价值

客户价值

只有能为客户创造价值的增长战略才会成功。为客户创造价值，就是要利用你找到的机会（建立在客户碰到的问题、客户需求等之上）为特定客户群解决问题。你的战略就是解决客户问题的方法，由你的商品、商业模式和盈利模式组成。

客户可能并不是你们产品或服务的最终用户，也可能你的客户群比较复杂。前面讲到的喜利得公司，其工具租赁以及物流、金融服务就是向不同的客户群提出的特定的价值主张。

喜利得给客户提供的是高质量、靠得住的工具。工人们用起来也很自豪。对于管理工具的人，采购新品和保管现有工具都很简单。对于首席财务官来说，租赁工具的以订购为基础的舰队式管理服务又很方便他们控制现金流和开支。

要评估你的战略能不能为客户创造价值，就要回到当初你发现机会的时候，看看你的战略能不能清除消费障碍，提升客户满意度。

客户价值的相关问题

下面的一些问题可以用来评估你的战略有没有解决客户的问题，为他们创造价值。

- 这个战略提升了客户的生产力吗？
- 这个战略满足了客户的需求吗？
- 这个战略让消费过程更方便、更愉悦吗？
- 这个战略降低了客户的风险吗？要知道风险可以是财务、身体、社交或者情绪方面的。
- 这个战略可以为客户与我们的合作提供方便吗？
- 盈利模式让商品更容易为客户所接受吗？
- 跟我们合作，使用我们的商品，客户有什么感觉？客户对我们的印象如何？
- 商品容易使用吗？
- 这个商业模式以及盈利模式是如何让客户获取商品的？

创造价值

公司价值

除了为客户创造价值，战略还要为公司创造价值。公司价格可以是财务、运营等方面的收益。

财务方面最明显的价值就是利润了。其他的一些价值，特别是商业模式创造的，可以是较低的贷款需求或者更低的成本。比如，戴尔公司首创的直销模式以及相应的物流方案，使得公司资金充足，根本就不需要贷款。财务方面的价值还包括收入增长、成本降低、利润增加、资金投入减少以及固定成本向可变成本的转化。

运营收益包括对市场反应更灵活、资产利用率更高、周转更快。其他的好处包括更高效地利用现有的系统和全职员工，降低复杂性。

战略收获包括差异化带来的竞争优势，为客户带来更好价值的独特市场地位、更大的市场份额、更好的品牌美誉度、对商业机会的把握等，还包括商品、商业模式或者盈利模式为公司带来的更多可能。比如，亚马逊的在线商业模式，使得公司从书籍销售扩展到其他各种领域，这是传统书店做不到的。亚马逊商业模式背后的资产和资源还为公司提供了机会，使其可以进军互联网服务、物流、支付等领域。喜利得的工具租赁服务，让客户可以更忠诚、满意度更高，结果消费更多。

公司价值的相关问题

下面这些问题可以用来评估你的战略为公司带来的价值如何。

- 这种战略为公司带来了什么样的战略、运营以及财务价值？
- 这种战略给公司带来的竞争优势是什么？
- 其他人模仿这个战略难不难？
- 这一战略还为公司提供了什么样的机会和可能？
- 这种战略可以让非客户变成客户吗？它是怎样利用现有的资产与资源的？
- 这种战略执行起来容易吗？

创造价值

生态系统价值

最后，商业模式还要为整个行业，为供应商、合作伙伴以及利益相关者创造价值。如果不能为各方创造价值，那它们怎么会参与你的商业模式活动呢？跟公司价值一样，行业价值也可以是财务、运营、战略甚至是情感上的。

826 瓦伦西亚公司提供的辅导服务为学生创造了价值，提高了他们的成绩。同时也为学生的父母创造了价值，他们不用再花那么多时间辅导孩子，而孩子们成绩的提高也使他们感到自豪。跟 826 瓦伦西亚合作的教师也获得了价值，因为他们获得了教学经验。826 瓦伦西亚还为志愿者创造了价值，满足了他们的情感需求。826 瓦伦西亚还为周围的社区创造了价值，因为人们可以在特别的场合进行社交。

这些问题可以评估你们的战略对行业创造的价值如何。

- 这个战略为行业创造了什么价值？
- 这个战略如何让我们跟整个行业的联系加深了？
- 这个战略是如何利用我们的行业特点的？
- 这个战略是如何让合作方达到各自的目的的？

NEW

启发案例总结

下面的表格列出了本书讨论过的一些案例，这些案例说明了混用战略所创造的重大价值和利益。要查看完整的版本，请访问我们的网站 www.theartofopportunity.net。

公司价值主张

	客户价值主张
826 瓦伦西亚	提高孩子的写作能力；做完功课
亚马逊	便利；提供多种产品和服务
德国广播电视集团	初创公司做得起广告；不需要提前付款
伊顿-麦卡勒姆	订制商品；成本低，质量高；咨询师经验丰富
哈里斯兰登医院	高质量的医疗及非医疗服务；一系列治疗方案

公司价值主张	生态系统价值主张
效果卓越	辅导学生功课，学生写作能力提升，家长老师受益，志愿者为社区做出了贡献
从网上售书拓展到其他商品及服务领域	物流公司增加了收益流，更多的人成为合作伙伴
扩大客户群；销量增长，股权增值	通过发展商业服务找到新的合作伙伴
降低人力成本；按需获得人才	咨询师时间自由，可以选择项目，报酬也不错，不需要开发业务或者负责行政工作
提供优质的医疗服务；不聘用医生使得成本降低；口碑好	私人从业者可以享有优质的设备和服务，由于病人得到全面服务和照顾而感到安心，有强大的品牌支持

活动

制定战略

充分利用团队的判断力与输入信息，评估你们的增长战略。

活动概述

以对关键的利益相关者是否有价值为标准，让每个团队成员都发表自己对战略的看法。

所需时间

60~120 分钟

所需材料

马克笔、便利贴、白板、增长计划简报、先前商品的产出、商业模式，以及盈利模式活动会议

活动步骤

1. 确定战略之后，跟团队一起评估战略有没有达到为客户、公司、行业创造价值的标准。为所有参与人员发放便利贴、马克笔、增长计划简表以及新商业策略。让其中一位队员做记录。开始的时候让大家回顾增长计划表、界定的客户以及要突破的问题。

2. 在大白板上写下要突破的问题。然后分成六栏，分别标上相关方、机会、商品、商业模式、盈利模式以及总计。再分成四行，分别标上客户、公司、行业以及总计。最后将本书列举的一些战略价值问题发给大家参考，帮助大家找出可为这三种利益关系群体创造哪些价值，每一种利益关系群体都有专属的问题。

3. 为每一格分配一个数字，按 1~5 分打分，5 分为最高值，代表这个策略可以为目标受众带来最大的价值。让大家写出自己的打分，然后算出每一格的平均分数，并计算每一行以及每一列的总分数。

4. 查看各行各列，如果有低于或等于 3.5 分的格子，说明应该重新考虑那种战略。

5. 考察特定领域的方法是重复打分，不过要深入一些，看看这个战略相应单元格的可行性、合意性、可期待性如何。

如果单元格的打分在 3.5 分或以下，就得进行修改才能确保战略成功。给白板上的所有内容拍照记录。

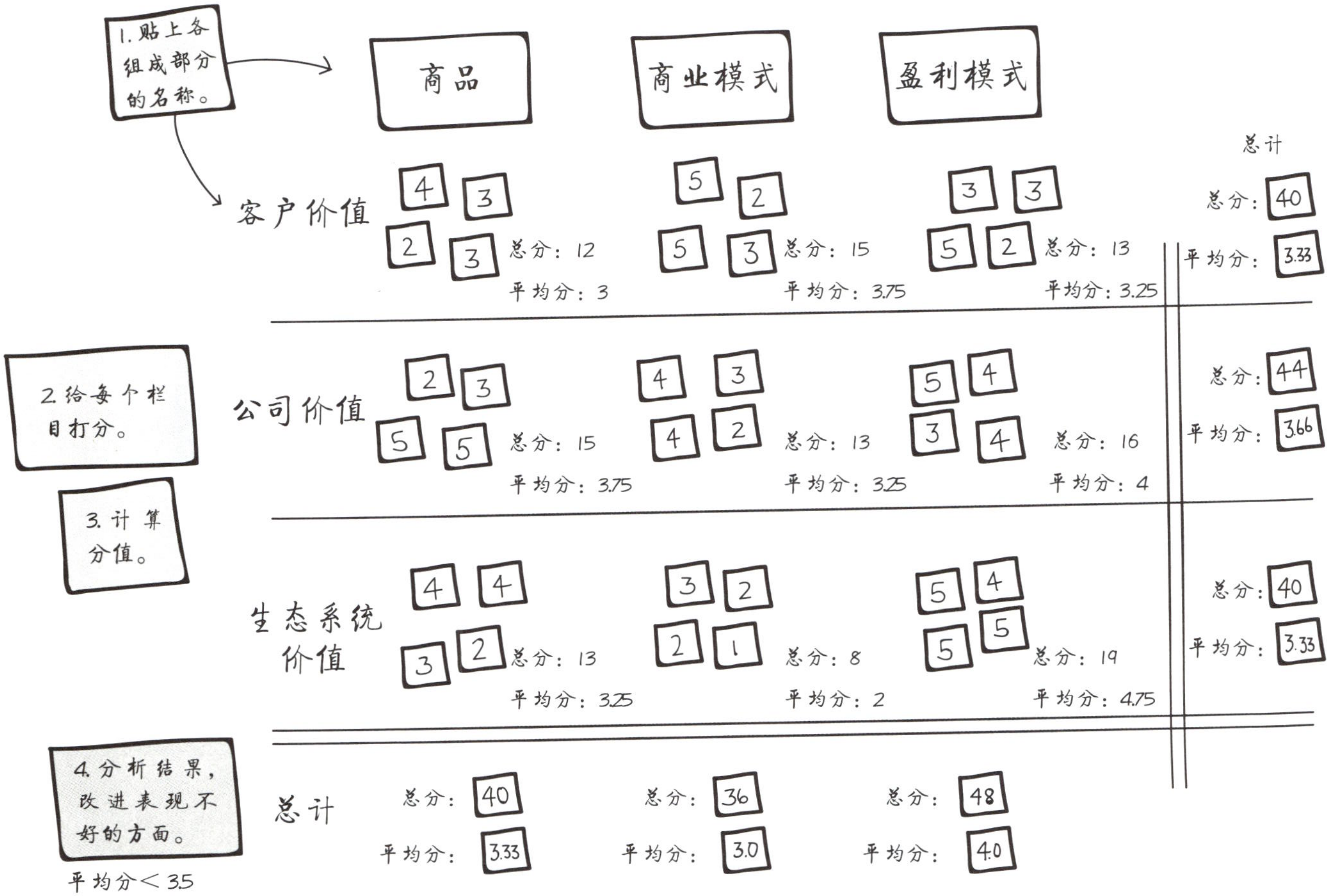
1. 贴上各组成部分的名称。
商品
商业模式
盈利模式
客户价值
4 3 2 3
总分：12
平均分：3
5 2 5 3
总分：15
平均分：3.75
3 3 5 2
总分：13
平均分：3.25
公司价值
2 3 5 5
总分：15
平均分：3.75
4 3 4 2
总分：13
平均分：3.25
5 4 3 4
总分：16
平均分：4
生态系统价值
4 4 3 2
总分：13
平均分：3.25
3 2 2 1
总分：8
平均分：2
5 4 5 5
总分：19
平均分：4.75
总计
总分：40
平均分：3.33
总分：44
平均分：3.66
总分：40
平均分：3.33
总计
总分：40
平均分：3.33
总分：36
平均分：3.0
总分：48
平均分：4.0
2. 给每个栏目打分。
3. 计算分值。
4. 分析结果，改进表现不好的方面。
平均分＜3.5

将战略可视化

恭喜你，又到了一个新的里程碑。通过分析产品、服务、客户体验这三个方面，你确定了公司的战略。然后，你依据活动、资源、顺序、角色确立了商业模式。接下来，又对收益流、定价以及支付机制进行了优化组合，形成了盈利模式。最后，将这三大块拼在一起加以评估，看看它们是如何为客户、公司以及行业创造价值的。

又一次到了拿出战略、汇报新业务增长计划的时候了。利用战略报告模板说明你的进度，解释你为何推荐你设计的战略以及你是如何设计的。召集团队成员，利用你在机会之旅中创造的所有内容，完成模板。

打造战略之前的终极提示

正如本章所表明的那样，增长战略由商品、商业模式和收入流组成。虽然设计新策略的方法很多，每一种方法都可单独运用，但你或许也注意到，最新颖的战略往往是将那些战略元素组合之后形成的。

另外要注意到，这三个方面密切相关，本书所举的例子也说明了这点。所以，要明白改变商业模式，也就意味着要改变盈利模式，这样就会生产出不一样的产品。

活动

可视化战略

利用战略报告模板，讲述你的战略形成的故事。

活动概述

业务增长的一个重要环节是分享你的进度并获得反馈。可以讲述你的故事，获得反馈，然后深入思考，再进入业务增长的下一个环节。

所需时间
1 小时

准备材料
马克笔、便利贴、白板和设置你的战略活动输出

活动步骤

1. 拿出你的业务增长报告，以及制定战略时取得的所有材料，包括在讨论商品、商业模式、收入模式以及价值创造时形成的想法。从我们的网站下载战略报告模板并将其打印出来。

2. 分阶段介绍你发现业务增长机会的故事。从你的标题，也就是要突破的问题开始，讲述你是怎么形成这个战略的。

- 你是怎么理解商品的，跟产品、服务及客户体验的关系又是怎样的？
- 你是怎么找到商业模式的，活动、资源、流程、角色又是怎么安排的？
- 你为什么会选择这种盈利模式？解释其收益流、定价以及支付机制。

3. 解释每个区域内的每一个战略元素的独特性。可以删除、增加或者改变什么？写上标题与简述（不超过三句）放到战略报告模板中。要知道插图、照片、图表、之前活动的成果等也都可以用来让解释可视化。

4. 参考“确定战略”活动的结果，描述你是怎么为客户、公司以及行业创造价值的。这次依然从重点提要写起，然后再简述说明你为各利益相关方创造的价值。

5. 完成战略报告之后，在团队或者友善又接受度高的听众面前正式演练一下，然后再正式做简报。这种积极的方式可以帮助你提高表达能力，使故事讲得越来越好。

报告

战略报告

要突破的问题：

我们怎样能……

开拓新市场，开发新的电视广告客户

对于这个目标客户群：

……中小型企业以及初创公司

需克服：

……财务紧张，现金不足，确保获利空间。

需用资源：

……利用现有资源（广告时间和媒体力量）

商品

产品	服务	客户体验
电视媒体	媒体策划 开发 + 执行	一站式服务

商业模式

活动	选择初创公司	媒体计划	制作	
资源				
角色	优秀小组	运营小组（管理媒体进程）	资源团队	
顺序	1	2 以股权换取媒体使用权	3 以一定比例收益换取媒体使用权	

基础支出

盈利模式

定价机制	收益流	支付方式

客户价值

- 可以使用媒体广告
- 得到运营上的支持
- 提高销量，以及公开发行价格

公司价值

- 找到新的客户群
- 可从销售和首次公开募股中获得高额潜在收益
- 强势的投资组合提高市场份额

生态系统价值

- 制作方面的合伙关系

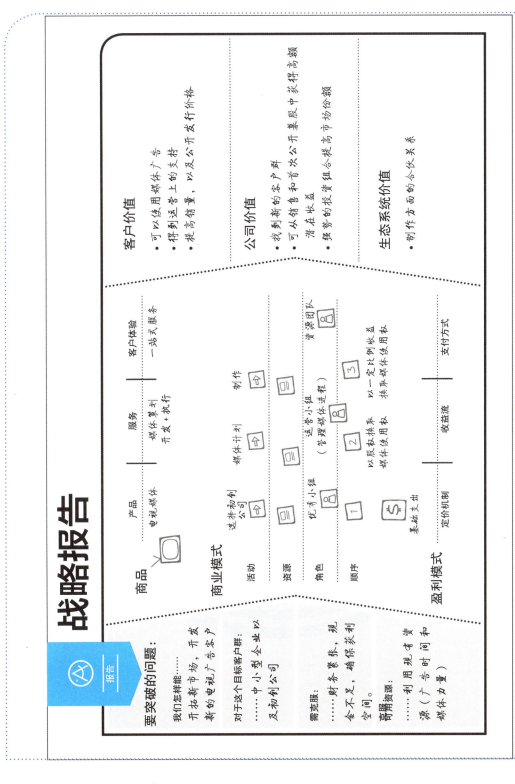

拓展新思路并不难……

难的是打破旧思路。

约翰·凯恩斯，经济学家

LAUNCH YOUR NEW GROWTH BUSINESS

启动新的增长业务

做计划，斟酌最佳方法，

获得出乎意料的结果。

安布罗斯·比尔斯，美国著名记者

第 4 章

发现新的增长机遇，针对抓住机遇设计出第一轮战略后，是时候启动和建立自己的新业务了。

大多数公司急于求成，一开始就制订了一个复杂且琐碎的启动计划。为了降低风险，提高成功率，我们建议采用迭代的方法，使你能够以迭代和不断发展的方式来验证、学习和设计自己的业务。

新增长业务的三个阶段

我们的研究表明，成功的战略创新者打造新增长业务，要经历以下三个阶段。

1. 初始阶段，发现新的增长机遇，接着初步构想抓住该机遇的战略，并验证战略思想。实际上，这一刻你已经踏上了自己的旅程！到目前为止，无论你制定了什么样的战略，都将其看成初步设想。

2. 成功验证初步设想后，新业务就进入了发展阶段，在运行新业务期间，重整、改进和调整新的产品、商业模式和盈利模式。

3. 一旦新的战略充分奏效，业务便进入我们所说的扩散阶段，工作重点会从设计和制定战略转向扩大新业务。

在此过程中，核心业务的设计思维原则是主动迭代，即注重通过主动体验来学习。传统的战略过程（实际上是大多数管理层所采用的流程）先分析、规划再落实，分初始 / 发展 / 扩

散（IED）三个阶段，采取行动、学习、设计，接着又重新回到行动的反复循环模式。

步步为营，采取行动，启动迭代反馈回路，能够使你运用从行动中获得的知识，进一步设计、改造和转换企业战略。不断重复这个过程，发展完善自己的战略，直至达到一个成熟的水平，战略充分奏效，允许从实验阶段转向扩大阶段。

有何不同

敏捷开发或精益创业等方法根据类似原则而建立，但一直主要应用于软件编程及构建和发布线上产品。我们以例证说明了如何将这些原则用于战略，从而超越初创企业、线上业务和软件开发领域。此外，正如我们的研究表明的，“行动—学习—设计”循环只是战略中的一部分（事实上是中间部分），它不会永远延续。一旦拟定出十分对路的战略，工作重点就会由设计战略转向扩大业务。

另外，虽然越来越多的过程理论肯定了企业活动的迭代性质，即行动与思维之间相互交替，但它们仍然假定遵循先分析、再规划、最后执行计划的自然顺序。正如我们在案例中所说明的，而且大多数人本来就知道，在现实生活中，事情并非如此。

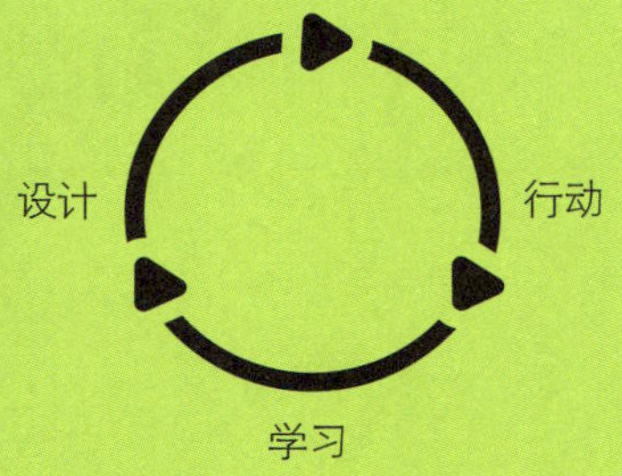

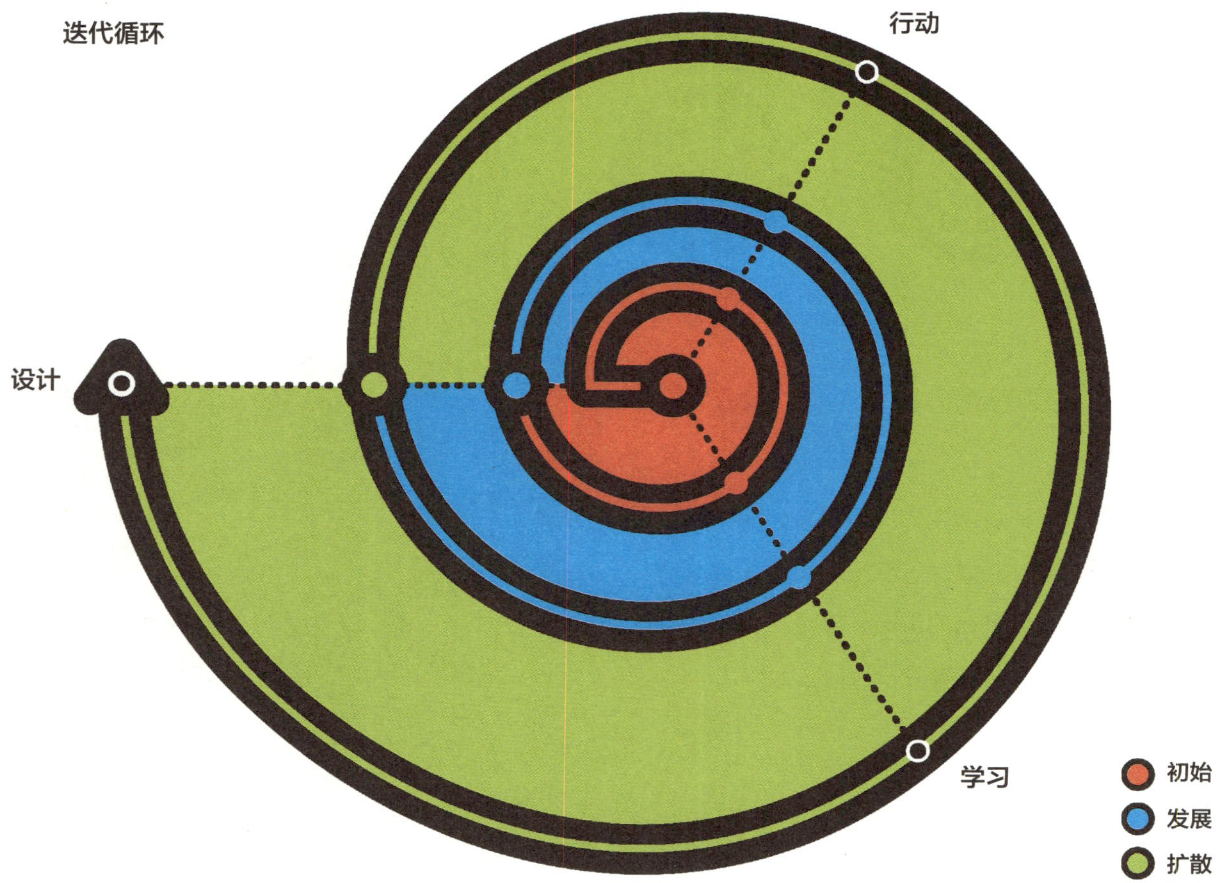
迭代循环
行动
设计
学习
初始
发展
扩散

初始阶段：验证机遇，试行战略

在第 2 章和第 3 章中，我们概述了“确定新的增长机遇”及“初步设想如何抓住机遇”的行动步骤，现在我们将着重概括说明初始阶段的最后一步：验证机遇和试行战略。

假设你已经结合客户、非客户和企业自身生态系统来发现企业增长机遇，现在应当已制定好了合理的战略。可是，你无法百分之百肯定自己的新战略会在市场中真正奏效，当你正在打造一项全新的业务时，尤为如此。

根据你确定的创新 / 成长类型，你和你的公司（或全世界）可能会遇到一些未知数，不仅限于你的战略是否会奏效，而且还包括以下这些问题：要怎样做才能让战略奏效，才能成功经营新业务？如何获得知识和收获信心来推进战略？为此，我们提出了三个步骤，帮助你增加启动战略的胜算。随着这些步骤一步步推进，你对企业战略与新业务的可行性、合意性和存活性方面会有更深层次的认识。

初始阶段

验证和试行战略的三个步骤

第一步：战略有意义吗？我们可以执行吗

第一级验证可以被看作一个理论或认知的验证。这一步可以在内部进行，与同事、队友、老板和任何其他内部利益相关者一起讨论和评估你的战略。

在第 3 章末尾，我们提出了三种价值主张，初步验证你的新战略是否有可能为顾客、公司和生态系统各方创造价值。除价值验证以外，你还需要考虑自己能否让战略奏效。

可行性相关问题：

- 你能否负担得起让该战略构想生效所需的资金、资源和时间的投入？
- 哪些技能、能力和资产是必需的？
- 你是否具备必需的技能、能力和资产，或者你是否需要先培养或获得这些条件？
- 你是否有需要的渠道和合作伙伴？如果没有，怎样才能获得？你能让它奏效吗？
- 你将如何实施这一战略？需要采取哪些措施？
- 预计会面临哪些困难和挑战？
- 你是否能够应对这些困难和挑战？
- 你将如何着手实现这一战略？

问这样的问题会让你先弄清自己需要付出多少努力来构建新业务。如果你不具备必需的技能、资源等，并且即便努力似乎也很难获得，就可能需要在启动新增长业务的早期阶段调整战略。

除了纯操作性的问题之外，可能还需要考虑战略性因素。比如，新战略和新业务与公司的整体战略目标是否一致？新的成长计划是会扩大还是会维持现有业务？计划是否为潜在新业务奠定了基础？

为了弄明白你的战略是否合理，值得思考一下战略的基本假设。换言之，问问你自己：要让战略奏效，需要具备哪些实际条件？然后，核实每项假设是否有效并经得起验证。

有些公司可能需要进行财务分析，如现金回报、投资回报率，或者净现值，并建立商业案例。虽然我们认为很难确定新业务的这些因素，但只要努力，至少会让你大概明白此战略构想的价值所在。如果预估的最大潜力比你必须付出的心血还低，继续往前就没有太大意义。如果你选择或需要采取这种正式的规划行动，请记住，这个计划中几乎每件事都可能是一个需要被验证的假设。

初始阶段　验证与试行战略的三个步骤

第二步：战略是否能让潜在客户和合作伙伴产生共鸣

一旦你确信自己可以让战略和新业务奏效，接下来就要考虑客户是否对此真的感兴趣。在市场中推出新战略和新业务之前，最好先与客户进行沟通，展示你的产品、商业模式和盈利模式。请客户衡量你提出的新经营理念的合意性，听取他们的反馈意见。第一步可以在内部完成，但第二步需要你走出企业，让（潜在）客户和合作伙伴参与进来。

务必让客户知道可能影响他们在旅程中做出购买决定的一切细节，如易用性、成本，等等。要尽量具体，并设法得到客户对你的新战略中每个要素的反馈。

比如，你打算问客户是否想在四个小时内从伦敦飞到纽约，谁不想这么快呢？但是如果你告诉他们费用可能会高达 18 000 美元左右（2015 年协和式客机往返机票的估计费用），他们说不定马上兴趣全无（2003 年，eBay 卖出的一张协和式客机票价格约为 60 000 美元）。

如果你的新业务是围绕某种新产品或新服务，建立原型可能是收集反馈的有效手段。根据产品类型、目标客户受众以及可用的资源和时间，可采用多种不同的方式来创建原型。

如果你的商业模式依赖于合作伙伴，则还需要和合作伙伴一起核实商业模式的合理性。他们是否有意与你合作？他们是否能采取必要的措施帮助你成功展开新业务，并且达到你和最终客户期望要求的质量水准？他们能否在以企业盈利为代价的基础上做到这一切？如果你的企业依赖于合作伙伴，但他们没有兴趣参与，或他们无法按要求的成本与质量提供产品和服务，你就需要重新制定战略。例如，直到近年，像 UPS 或 DHL 这样的大型物流公司开始提供餐饮物流服务和经营专用冷藏车，才使得生鲜和易腐食品的网购变得更加容易。

与第一步一样，问问你自己：要让战略和经营理念取得成功，需要具备哪些实际条件，并与（潜在）客户和合作伙伴一起核实，以确定自己的假设是否站得住脚。如果不可行，重新制定战略。如果可行，则继续往前。

你需要学习什么

每个战略和经营理念都是建立在假设基础之上的。最基本的假设是有一个市场，且客户对你的产品感兴趣。下表重点介绍了你需要检讨以确保成功的常见假设。问问你自己：我们想要测试什么？我们希望学到什么？我们需要学到什么？我们需要测试什么来推进企业战略？既不用花很多钱，也不需要得到任何人的任何许可，当下我们能够做点什么？

假设一览表

机遇	产品	商业模式	盈利模式	价值创造
• 存在这个机遇 • 谁会购买？会买多少？为什么要买 • 市场足够大，很有吸引力 • 市场增长率、规模等	• 市场对我们的产品感兴趣 • 我们解决了客户旅程中的主要痛点 • 我们的产品帮助客户解决了问题	• 我们能够经营业务 • 我们能够按照要求的质量、时间及成本进行生产 • 我们具备了必需的技能、能力、资源和资产 • 我们拥有必需的合作伙伴和销售渠道	• 我们的利润达到了期望水准 • 客户负担得起我们的定价	• 这一战略将为客户创造价值 • 客户看重价值创造 • 这一战略将为企业带来战略、运营和财务利益 • 战略吸引了我们的合作伙伴，并将为他们带来战略、运营和财务利益

初步阶段 验证与试行战略的三个步骤

第三步：战略在实际执行中是否真正奏效

一旦你在内部验证了新战略，并获得了潜在客户和合作伙伴对于计划的产品、商业模式和盈利模式的正面反馈，就可以展开体验行动并测试机会的可行性了。

我们强烈建议：在为正式运营投入各种资源前，请你小规模测试一下。此类测试相对容易，不用花很多钱。

例如，伊顿—麦卡勒姆战略顾问公司就提出了一种创新方式，为企业商业理念提供了一个原型，办法很简单，就是在《经济学人》上发布一条广告，看自由职业顾问是否有意愿与公司合作。在收到约 200 份申请后，创始人会见了 20 名顾问，决定开始与他们其中的 10 个人进行合作。另一个例子是德国广播电视集团。该公司对外宣传了其采用的收入共享媒体服务模式，并在两个星期内收到了数百封对此感兴趣的公司的来信。经过筛选后，德国广播电视集团选择了其中几家发展前景较好的公司，开始运行这种新商业模式。美国华氏 212 度广告公司向潜在客户介绍了创新流程以及风险和报酬兼具的商业模式。有一位客户发现这种新的产品、商业模式和盈利模式实在吸引人，于是一次买下了半年的全套服务。

走出公司，让客户和供应商真正参与进来，可使你获得洞见，帮你避免以耗费大量资源来获得市场信息反馈。利用易于执行的原型搭配小规模的做法，可迅速吸收洞见，使你可以调整和重新测试理念和假设。

为进一步降低你的实验风险，请运用“安全尝试”策略。进行每个验证步骤和每项实验前，问问自己计划采取的行动是否有可能损害现有的业务和 / 或新业务。如果不会，就是“安全尝试”。

实验各种战略的谜题

实验已成为检验战略和商业模式，了解什么可行、什么不可行的一种流行方法。这当中往往隐含的假设是，你的公司将需要对一系列不同的战略进行实验，以了解哪一个战略最可行、最可能成功。在公司层面，同时实验多种战略是可行的，但我们认为，在业务部门甚至小部门同时实验多种战略是非常不现实的。事实上，我们的研究和经验表明，针对业务部门和单个小部门，通常不会做实验确定要运用哪种战略，而是会尝试如何让一个选定的战略奏效或更奏效。

看看亚马逊公司，其做出了新产品推介战略决策，即允许客户通过其在线平台出售二手书。对该公司而言，卖二手书既是一个新服务，又是一个产生新增长点的业务。它一开始先尝试设了一个卖旧书的专属页面。当这个尝试没有奏效后，亚马逊又尝试为每个用户提供一个专属页面，结果还是效果不佳。于是，亚马逊又开始尝试将二手书放在新书旁边对比展示，最终取得了成功。卖旧书的战略并没有改变，唯一改变的是战略的执行方式。

另一个以选择战略进行实验的例子是前文提到的瑞士哈里斯兰登集团。当然，赫里斯兰登可能已经能够在不同医疗中心验证各种商业模式（例如，主任医师模式、独立医师模式或混合模式）。可是，在一家医疗中心同时实验三种模式几乎办不到。相反，它们选择在一家医疗中心试行综合模式，并设法使其奏效。只有在第一个构想没有成功时，才实验其他方案。

初始阶段

如何验证试行效果

可提供验证数据的活动

以下是一份验证测试的做法，无论你是在内部进行认知和理论上的探索，还是走近并听取客户 / 利益相关者对于设计原型、图形模式的信息反馈，抑或是在初步阶段进行小规模实验，都可根据你想要达到的目标运用于不同的时机点。

内部观察

利用面谈或模拟与公司内部的利益相关者交流，研究概念，收集意见反馈，以达成共识。这是研究你的机会理念和假说的好办法。

实地观察

- **沉浸式（成为客户）**。参与客户和非客户体验的每个阶段，这样的体验往往能提供见解和机遇，而通过其他手段则无法得到。
- **客户的人类学研究（日常生活）**。运用照片、笔记、视频等多种方式观察客户和非客户，然后从中归纳出观察心得和洞见。

模拟

- **角色扮演或身体风暴**。角色扮演或身体风暴是基于身体的互动和动作，亲身体验原型情境，以此激发新观念的即兴方法。

原型

- **素描**。视觉化呈现用户如何与产品或服务互动，观察体验如何演变。
- **故事板**。顺次排列一连串草图或图像，勾勒出一个故事的场景。
- **线框图**。一种可呈现数字化产品或服务界面的简单机构图，强调信息（本体及相互关系），不重装饰（风格样式）。
- **模型**。使用基本素材构建实物产品的一个粗略概念版的样板，以获得反馈。

试错法谜题

一谈到创新，“快速失败”试错法等类似的见解已经成为特别受人们喜欢的主张，也因此导致大家对产品、商业模式和战略的失败习以为常。失败被看作成功创新的正常现象和不可避免的一部分。

说实话，没有人愿意失败或犯错。想象一下，你在公司年度股东大会上向大家公布，公司在不成功的战略试验中白白浪费了几百万美元。没有人会为这个结果向你道喜的。

虽然会面临着各种挑战，虽然必须要解决这些难题，但我们的研究和经验已经使我们相信，“尝试并取得成功”更重要。你应该追求的是成功，而不是犯错和失败。成功和正向经验对于不断增强对战略的信心和保持闯劲至关重要。取得成功和交流成功经验将有助于化解内部阻力，说服高管人员继续支持新策略，并分配所需的资源推进新策略。

了解什么有效对于调整战略也很有必要，有助于克服面临的困难。以少量增加的方式快速测试，并不断地发展和完善。所以，不要被动接受失败和错误，而是要主动尝试找到有效的办法，方便快速评估、改进和发展，以便找到战略的有效之处，好好利用这些正向经验。

访谈

- **个人**。一对一直接询问，深入、全方位地了解客户或非客户的行为、思想和行动。
- **团体**。一种迅速了解一个群体或团体，以了解其全部问题、担忧的事情和行为的方式。
- **专家**。专家可以提供更多深入的知识和技术信息，当你时间紧迫时，专家极为有用。

研究

- **案头研究**。利用搜索引擎、期刊和出版物进行简单研究，可以产生新的信息来源，又可获得可供参考的新的数据。
- **数据挖掘**。每秒钟都可以通过无数来源采集海量数据。
- **专家网络社区**。向深谙相关专业知识的网上专家群组提问，并进行探讨。

小规模实验

通过主动迭代来执行企业战略的一个好方法是，小规模开发产品。或者尝试利用广告或传播向潜在客户宣传或传播你的企业价值主张，以吸引客户响应或吸引志愿者，以此来衡量客户对产品的兴趣或需求并深入了解产品的实际使用情况。实验的目的是为了获得洞见，以帮助改进战略或实施计划。

其他可参考的资源

- 《人本设计实战指南》（*The Field Guide to Human-Centred Design*），IDEO。
- 《教育工作者的设计思维工具包》（*Design Thinking for Educators Toolkit*），IDEO。
- 《101 种设计方法》（*101Design Methods*），维贾伊·库马尔（*Vijay Kumar*）著，2013 年。
- 《价值主张设计》（*Value Proposition*），奥斯瓦尔德等人著 2014 年。
- MindTools.com

活动

测试什么

建立假设，在企业新业务策略的假设基础上进行测试。

活动概述

为了验证你的策略，建立一套可以测量的假设，然后根据假设形成测试方法。

所需时间

60~120 分钟

所需材料

马克笔、投票用的贴纸、便利贴、白板、产品和战略报告

活动步骤

1. 向每位参与者发放便利贴和马克笔。画三个圆圈，标注每个圆圈分别代表一个利益相关群体：客户、企业和生态系统。分成几个小组。评论产品和战略报告中的信息。

2. 展开小组讨论，探索每个利益相关者群体价值的关键驱动因素。在“制定战略”活动会议上，已评估过如何组合产品、商业模式和盈利模式才能产生最大的价值。现在，你想描述每个利益相关者群体的价值——实质上也就是价值主张。大胆为每个利益相关者群体生成一个数字，将数字贴在代表这个群体的圆圈周围。

3. 参与者建立了一系列假设，将每种价值与利益相关者群体关联起来。这一步需要花费大量的时间。完成后，展开讨论，评论这些假设，并将其汇总成几个主题。将每个假设清晰简单地表达出来，写以“我们相信……”这样的语句来表述。

4. 给每个参与者发五个圆点贴纸，用于为他们觉得应该测试的假设进行投票。全体参与者同时投票，如果大家对某一个假设特别感兴趣，则可以对一个假设进行一次以上的投票。需要考虑的投票标准是“验证假设是否有利于你的战略取得成功”。

5. 一旦投完所有的选票，对假设进行优先排序，并选择你要测试的假设。对所有的白板内容进行拍照记录。

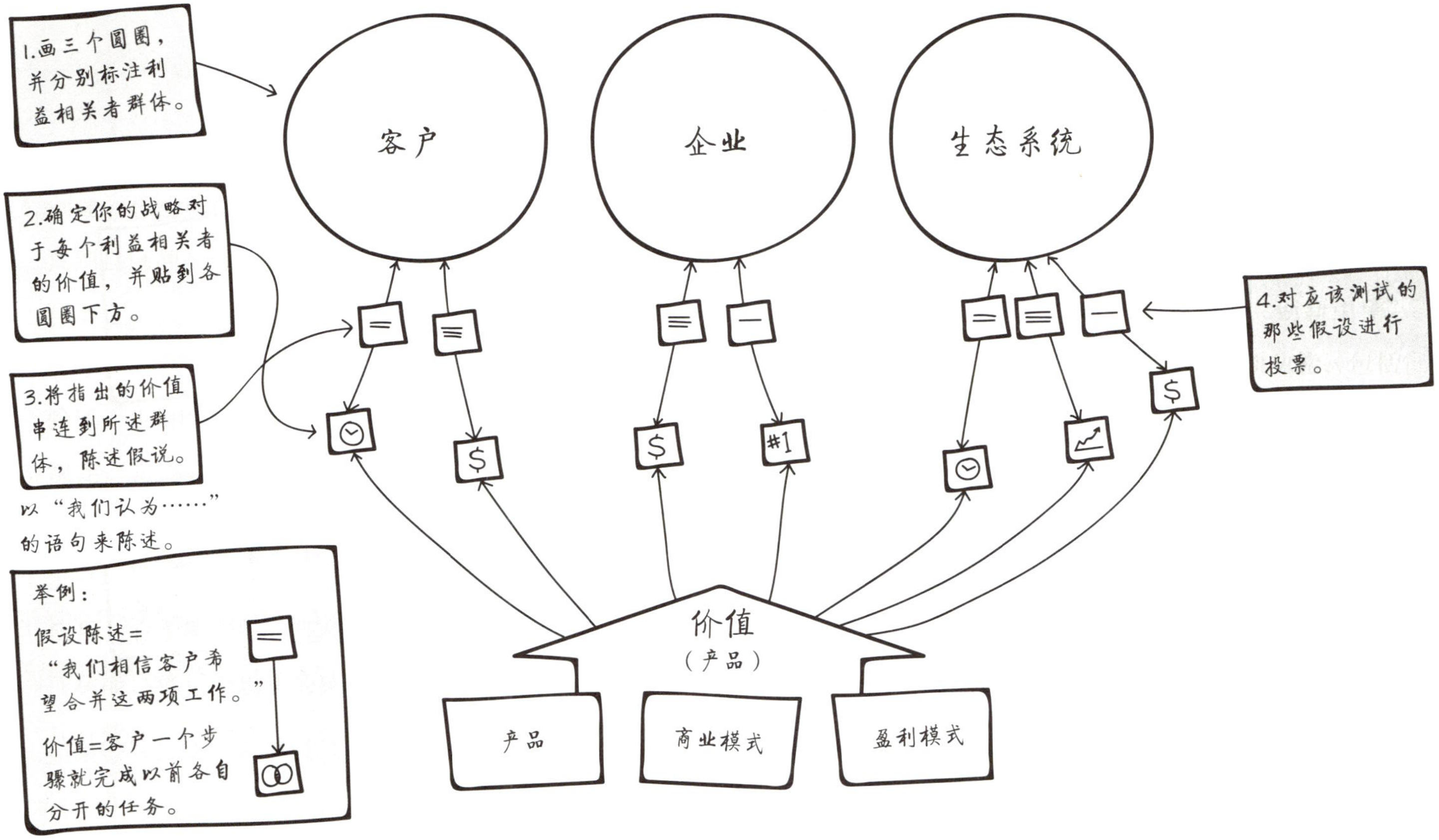
1.画三个圆圈，并分别标注利益相关者群体。
2.确定你的战略对于每个利益相关者的价值，并贴到各圆圈下方。
3.将指出的价值串连到所述群体，陈述假说。
以“我们认为……”的语句来陈述。
举例：
假设陈述=“我们相信客户希望合并这两项工作。”
价值=客户一个步骤就完成以前各自分开的任务。
客户
企业
生态系统
4.对应该测试的那些假设进行投票。
#1
价值
（产品）
产品
商业模式
盈利模式

活动

如何测试

确定测试你的假设的最佳方式，以尽快了解并完善你的战略。

活动概述

从需求、时间和可用资源来考量，有助于快速选出最佳验证方式，以获得最好的评估结果。

所需时间
60~120 分钟

所需材料
马克笔、投票点、便利贴、白板、产品和策略报告

活动步骤

1. 将验证选项卡打印出来，或者从本书网站下载。向每位参与者分发便利贴和马克笔。在“如何测试”研讨会上对假设进行评论。现在，让团队确定你应当从哪些受众获得反馈信息，作为验证。你是需要大量的数据和意见，还是只要一些参看资料就够了？指出要询问的对象。

2. 审查验证选项卡列表，并考虑获得最准确结果的最佳方法。有多少时间和什么资源可用于测试你的假设？时间和资源这两个考量点有助于你判断该找哪些对象、用何种做法来验证策略，证明其效果。比如，你决定创建一个故事板原型来解释一个新的软件平台创意。你判断将要进行 25 次访谈，才能获得用户对这个平台价值的反馈意见。

3. 测试假设之前，先讨论你将如何测量验证结果，并设定成功的门槛。继续用上一个例子来说明，进行一次简短的问卷调查，采用 1~5 分评分系统。设定需要达到 3.5 分或以上正面结果，才算成功。

4. 将你的观点汇总成测试计划，概述你的四个关键点：

（1）假设（我们相信……）；（2）验证（指出目标测试群体和运用的测试方法）；（3）测量方式（指明测量标准）；（4）成功门槛（可判断成功与否的量化途径）。

5. 现在开始测试！

资料来源：《机遇变现》的作者群，灵感来自《价值主张设计》。

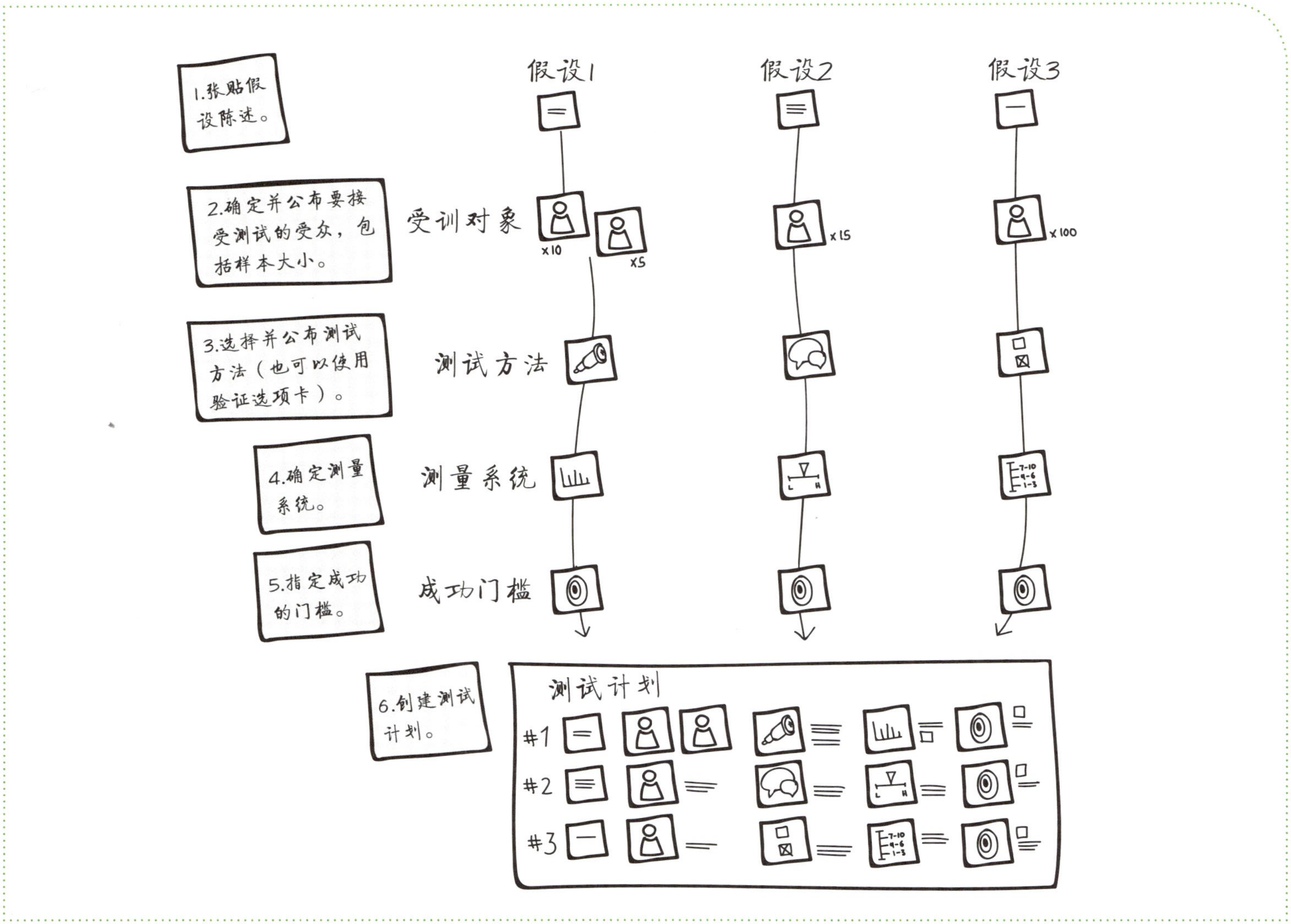
1.张贴假设陈述。
2.确定并公布要接受测试的受众，包括样本大小。
3.选择并公布测试方法（也可以使用验证选项卡）。
4.确定测量系统。
5.指定成功的门槛。
6.创建测试计划。
假设1
假设2
假设3
受训对象
测试方法
测量系统
成功门槛
x10
x5
x15
x100
测试计划
#1
#2
#3

初始阶段

从试行中学习

当开始行动时，你将源源不断地获得关于你的产品、商业模式和收入模式的信息与见解。你通过运营所获得的知识将产生三类经验：

1. 取得成功；
2. 面临挑战；
3. 获得洞见。

取得成功

显然，最好的情况是你的试行证明了你的战略是成功的。成功意味着你的原型产生了预期的有利结果，收到了良好的效果，不但被客户和合作伙伴所接受，同时也具有可行性。客户的接受导致需求增加，帮助公司获得利益。

取得成功具有多方面的原因。它表明了新战略的合理性，树立了大家对战略理念的信心，消除了大家之前的怀疑态度，增加了销售量，同时大家也有机会从持续的经验中学习。

面临挑战

虽然你的战略会成功，但一开始却很有可能遇到挑战。可以确定初步阶段存在两种类型的挑战：概念性挑战和经营性挑战。

概念性挑战涉及你的战略，表明你的策略行不通。例如，顾客不购买，或者即使他们可能会购买，但产生的收入不能满足你的战略盈利设想。总之，战略没有达到预期的结果，无论之前的预期是什么。

经营性挑战是指战略可能会成功（例如，客户感兴趣），但却遇到顾客不满意，以及业务经营不顺等情况。经营性挑战包括各种难点，如不容易找到正确的技能来经营新业务，需要调整流程和组织结构，合作伙伴不配合或合作条件根本行不通。经营性挑战往往会受到内部阻力，特别是当你想用新策略取代既定策略时。

获得洞见

无论如何，实际从事经营活动获得经验和反馈，都有助于你获取洞见并将其应用于调整并优化战略。你可能会了解到你的服务对于客户是多么地有价值，这种认知又可以帮你增加企业收入。或者你了解客户面临的特殊挑战，并能应对这些挑战，增强你的战略的价值主张。或者你的客户可能会为你提供一个解决方案用于应对概念性战略挑战。

关键是，在某一个时间点，你需要建立一些假设，思考走出办公室的办法，试行你的战略，与客户沟通，尝试一些运营测试，投入行动以获得构思战略所必需的经验。目标是不断地学习，通过测试形成可靠的数据，为下一步决定提供证据。

发展阶段：调整你的战略

一旦已开始试行你的战略和新业务，你将需要根据自己一路上获得的经验和洞见对其进行调整。

你可以将构想战略看作主动迭代的过程，看作一连串付诸行动的反复循环，基于取得的经验进行反思和设计，并投入下一步行动中去。随着你不断重复取得经验、设计并投入行动，你的新战略的成熟度和复杂度将得以提高。

用这样的迭代方式来构思企业发展战略，可以让你从烦琐的长远规划、预测、必须在第一时间做出正确决定和必须在开始之前就知道所有答案的重压中解放出来。只有通过实际获取经验，你才能判断要走的正确道路。因此，“构思你的战略”意味着你将在经营业务的同时设计策略，同时在设计期间保持经营。

如何进一步设计策略

调整策略要求你回到自己的产品、商业模式、盈利模式和价值主张中，并回顾每个要素在实践中如何发挥作用。

首先，我们建议你定期进行检查和迭代。例如，根据业务性质，你可以开展月度、季度或年度评审。这些定期安排的战略评审很有必要，有助于调整和优化你的战略，使你的战略效果更好。在让同事和团队参与评估当前状况前，管理者最好先进行一些个人反思。

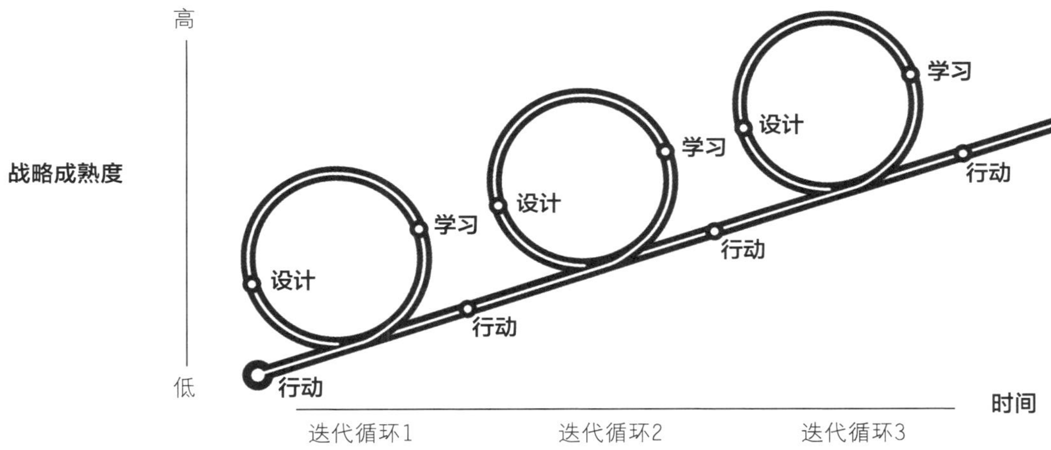

根据你的业务性质和规模，思考跟哪些内部和外部利益相关者一起评估战略。有些公司会邀请重要的合作伙伴参与此类会议。有些公司可能在举行战略评估会前会见客户，与客户讨论收集到的数据。还有些公司会邀请拥有一定经验和亲身体验的员工，一起进行讨论。

要评估战略的哪个方面运作良好，哪些战略要素需要进行微调，还需要追踪关键绩效指标。先从评审战略的基本假设开始。哪些假设仍然有效？哪些假设无效？会有什么后果？根据你的目标检查当前绩效。你是否正在实现这些目标的正确轨道上？还是偏离方向了？这对你的战略而言意味着什么？ 请记住，构思战略的重点在于要反思和了解哪些方面已经奏效，哪些方面需要改进以提高绩效。

从何处寻找洞见

这样的战略评估可能会要求你提前收集好数据。跟客户、合作伙伴和员工进行交谈，以充分了解战略运行的有效性。

我们的研究和经验表明，正如第 2 章中所述，唯有客户的深入了解和愉快体验，才能造就成功的产品、商业模式和收入模式。进行战略微调时，你需要反思产品、商业模式和收入模式，并不断核实自己的战略是否一直在为客户、合作伙伴及本公司创造价值。

启发案例

德国广播电视集团：增强客户体验

以下案例表明了德国广播电视集团如何从验证初步构想，到根据所获经验进行优化和调整，再到最终扩大企业业务的发展历程。

行动 > 为了测试客户是否对新商品、商业模式和盈利模式感兴趣，德国广播电视集团发布了一则企业新闻，宣布将提供新的收入共享媒体服务。结果它们一周之内就收到了几十家可被视为潜在客户的公司的申请。

这则新闻的播出得到了积极反馈后，它们就开始评估对这种全新商业模式感兴趣的各种公司，拟订了收入共享媒体服务合约的细节，接洽第一批客户并与它们完成了交易。

学习 > 初步尝试后，德国广播电视集团发现收入共享不足以保持其利润水平，所以进一步扩大了该模式范围，增加“最低门槛额”，即固定的媒体服务金额，基于电视广告对销售的积极影响进行计算得出。

它们还得知，并非每一种产品和每一家公司都适合于该模式。例如，其中有一个早期的客户，是一家本地的软饮料生产商，虽然企业看起来前途无量，但该生产商的饮料并未列入各大超市进货单中，公司本身也没有满足市场需求的生产能力。德国广播电视集团还必须与客户讨论电视广告促进了多少收益。而在采用实体店销售的情况下，它们没有办法跟踪销售。

设计 > 由于吸收了这些经验及类似经验，德国广播电视集团决定主攻电子商务，这样广告带来的额外收入更容易追踪，并重点关注没有库存风险的公司和产品。

行动 / 学习 > 在成功执行了新的商业模式，看到营业额不断增加后，德国广播电视集团意识到，特别是在与初创企业合作的情况下，很多投资者都对德国广播电视集团新模式引起的现金流失感到不满。它们领悟到，如果公司公开募股或出售公司成功，股权参与带来的财务收益可能更高。

设计 > 认识到这一点后，德国广播电视集团设计出股权媒体服务，将其作为商业模式的一部分。

行动 / 学习 > 然而，执行这种模式给这家电视集团带来了某些金融和法律方面的挑战，它不得不予以考虑，并与高管层进行商议。

设计 > 针对营业额不断增加，德国广播电视集团设计了组织结构和流程，将新商业模式的核心活动并入一家专门的公司，同时保障活动（例如，法务、财务、会计、控管、税收和制作）由母公司各部门分工执行。它们建立了两个团队，分别负责管理和执行新商业模式的核心活动，并聘请人员担任这些团队的工作人员。

- 聘请了由投资银行家组成的投资团队，引进必要的技能和能力，以确定和评估投资目标的潜力。
- 运营团队负责从尽职调查到媒体策划的全过程管理。

行动 > 新成立的公司成功地打造出强大的品牌知名度，并增加了几家公司的销量，被认为是新商业模式的成功案例（例如，Zalando 或 Tom Tailor）。

学习 > 商业模式成功后，德国广播电视集团更具战略性地应用了这一模式，利用媒体绩效投资有潜力的市场，选择初创企业、产品和服务，同时将大部分回报转为股权收益或成功退出。

启发案例

华氏212：创新商业模式

以下案例说明了华氏212是如何从验证初步构想，到根据所获经验进行改进和调整，再到最终扩大企业业务的发展历程。

行动>为了测试客户是否对华氏212的新产品、商业模式和盈利模式感兴趣，公司接触潜在客户，并与他们分享了新战略。其中一个客户对此深信不疑，于是买下该公司六个月的产品和服务。

学习>“尽管创立了不可思议的客户价值主张，但命中率却没变动过。”华氏212总裁如是说。在客户眼中，华氏212是非常成功的，但以公司内部的测评标准看却不及格。

华氏212创造了大量的理念，很多并没有付诸实践，或者并不像预期的那样成功。单凭创新理念不足以给客户留下印象。该公司希望创造新的产品、服务和业务在市场取得成功，帮助客户实现可观的增长。“模式并没有什么错，只不过不足以克服创新失败。”华氏212公司总裁如是说。

于是，公司退后一步思考，设法找出创新再次失败的根本原因。华氏212看到有些管理咨询公司虽然制定了成长战略，但未能将这些高层策略转化为顾客会购买的有形产品。它们虽不乏商业见解，却缺乏创造力。

另一方面，有不少咨询公司展示出了高水平的创造力，但缺乏管理咨询公司的商业严谨性。这些公司往往只考虑客户的关注点：发现客户的问题，设计产品和服务来解决这些问题，但没有以公司战略为导向的商业智慧和发展定位。

华氏212认识到：这两种方法都有一个弊端，就是都漏掉了另一种方法的一个要素。新产品、服务和商业设计的创意和创新理念，需要与业务需求保持一致，包括财务（例如，投资回报率或利润率要求）、经营现状（例如，公司是否能够制造）、可利用的技术，以及该公司整体的战略方向。

设计 > 因此，克服创新失败的解决方案并不是形成所谓不同的或更好的创意，就像华氏 212 尝试过的那样，而是要将创意（解决客户端问题）与商业智慧（解决业务端问题）相结合。

为了避免创新失败，提供新的方法，华氏 212 采用了一种新型业务做法，并称之为“金钱与魔法”，以解决消费者和商业客户的需求。

一方面，需要设计实现商业承诺所必须执行的活动。围绕商业智慧的活动（例如，市场占有率计算、财务表现基准、计算潜在收益、生产和销售成本等）必须与已有的创意相结合。

另一方面，华氏 212 没有依赖传统的流程和作业模式，没有将执行和理念割裂开来，而是创建了一个流程与作业模式，其中，理念开发团队和商业战略团队从一开始就在项目中一起合作。

行动 > 为了开展新的活动，公司使用了新的技能和能力，聘请在金融和商业方面拥有所需经验和背景的业务分析师，其中多数人拥有工商管理硕士学位。

建立了一个新的组织架构，以方便创意构想和商业策略团队运作。团队由两名同等级的负责人领导。总裁被看作关键人物，以建立正确的心态和基因，两者对于创新成功同样重要。

相对于传统的管理顾问，团队不再进驻客户办公场所，而是在华氏 212 的办公室里工作；不是向团队分配单一项目，而是让团队同时参与多个项目。

学习 > 虽然新的“金钱与魔法”商业模式在为客户建立创新产品和服务方面效果很好，华氏 212 却认识到，为初步构想取得成功付出的成本高达头三年产品销售额的 2%，造成了自身现金流出现问题。

华氏 212 公司不仅没有选择最佳时机，而且在让客户接受想法后，未能管控有助于它在市场中获得成功的许多关键措施。

启发案例

华氏 212 反思了哪些措施在创新过程中对客户而言最为重要，并了解到每个客户都有某种形式的阶段—关卡模式（Stage gate model），有很多要通过的障碍和门槛。这种模型被用于构建创新项目和做出投资决定。创新主管通常认为，如果一个创意通过一道门槛，并进入下一个阶段，就算大获成功了。

设计 > 因此，华氏 212 并未依靠收取全部费用在市场中取得商业成功，而是在达到客户阶段—关卡流程中的某个程碑后收取相应部分的费用，这样也就克服了公司内部的主要障碍。

行动 > 向新客户推荐该模式，目的是收到他们的反馈。

今天，华氏 212 多达 2/3 的收益来源于达成客户内部的里程碑，以及在市场中获得的商业成功，同时该公司始终保持着灵活性，会随客户内部的进展而调整。

克服创新失败的解决方案是将创意与商业智慧合二为一。

马克·佩恩，华氏 212 总裁兼创始人

活动

开始、停止、改变和继续

根据成长团队的洞见和心得来制定行动方案。

活动概述

团队合作有助于大家齐心协力执行最重要的行动，在每一步想出尽可能多的创意，必要时停下正在做的事情，做出改变或继续执行。

所需时间
45~60 分钟

所需材料
马克笔、便利贴、白板、机遇和战略报告

活动步骤

1. 把机遇报告和战略报告打印出来。现在，你应该已经利用战略评估标准得到了一些评估结果。让参与者一同浏览所有的资料，并考虑战略在实践中的效果。

2. 在白板上画出四栏，填写“开始”“停下”“改变”“继续”这四个标题。

3. 让每一位参与者思考增长业务战略的成功之处，给大家足够的时间针对这四个标题写下想法，一张便利贴写一个，想法多多益善。参与者可思考以下四点：

- 应该开始做些什么来改进战略；
- 应该停下哪些无效的或行不通的工作；
- 应该改变或优化你的战略的哪些方面；
- 哪方面的战略有效且应该继续保持下去。

写好所有的想法后，贴到所属的标题下，然后讨论贴上去的所有想法。取得共识，从对发展增长战略影响最大的想法开始。对白板的所有内容进行拍照记录。

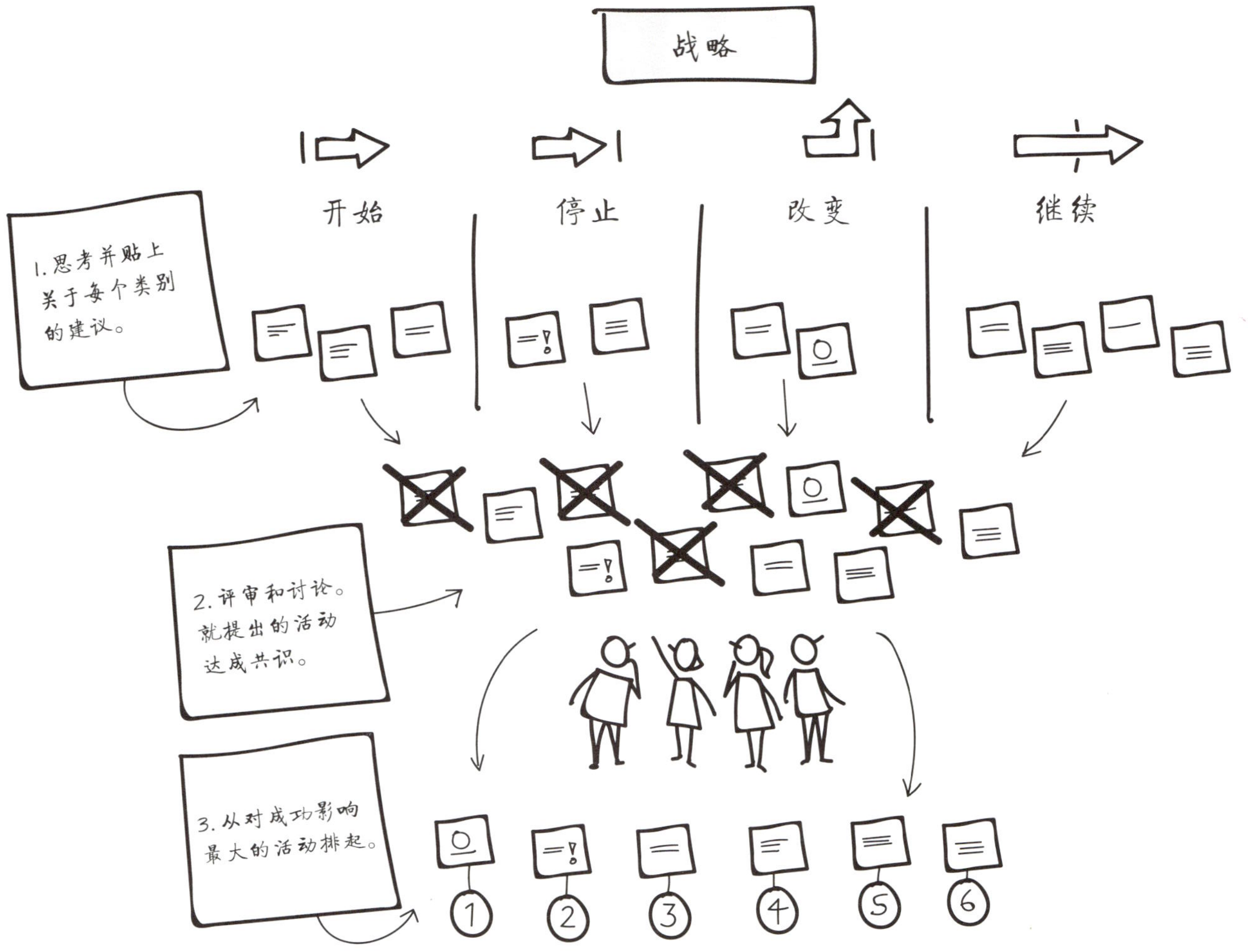
战略
开始
停止
改变
继续
1.思考并贴上关于每个类别的建议。
2.评审和讨论。就提出的活动达成共识。
3.从对成功影响最大的活动排起。
1
2
3
4
5
6

活动

设计后续步骤

根据你的“开始、停止、改变、继续”活动会讨论结果制定一个行动方案。

活动概述

运用可视化规划法制订一个行动计划，发挥多学科团队的主动性以推进新增长业务。

所需时间
45~60 分钟

所需材料
马克笔、便利贴、白板和“开始、停止、改变、继续”活动会议

活动步骤

1. 根据“开始、停止、改变、继续”活动会的讨论结果，展开小组讨论，将这些讨论意见结合到方案中。认真思考需要获得的每一项技能、知识和资源。

2. 在白板上创建一个网格，沿第一列往下逐行列出每个行动。顶端抬头处则填上将参与该行动方案的每个职能部门的名称。

3. 选择每一项行动所需的小组成员，然后任命一位小组组长。根据需要分配每个小组的其他角色和职责。

4. 展开分组讨论，评审所有的任务和计划。把白板上的所有内容进行拍照记录。

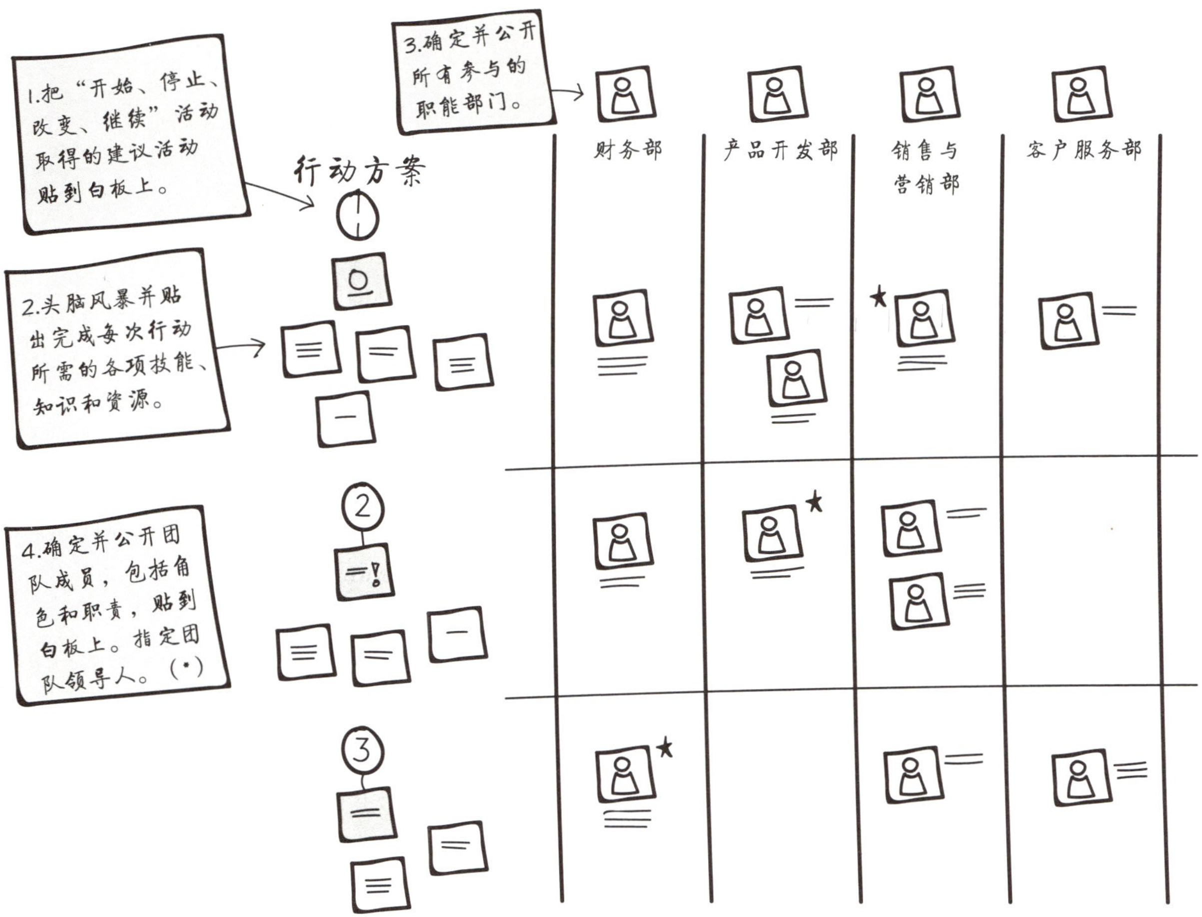
1.把“开始、停止、改变、继续”活动取得的建议活动贴到白板上。
2.头脑风暴并贴出完成每次行动所需的各项技能、知识和资源。
3.确定并公开所有参与的职能部门。
4.确定并公开团队成员，包括角色和职责，贴到白板上。指定团队领导人。（•）
行动方案
1
2
3
财务部
产品开发部
销售与营销部
客户服务部

发展阶段

成长计划可视化

你已经推行了战略，并认真评估了改良哪些方面可以进一步发展你的新增长业务。接下来准备“设计后续步骤”活动的成果。

将推进战略演变的路径可视化。组织多元化的团队来代表跟战略施行方案有关的重要组织职能和利益相关者。制订一个明确的计划，指明战略计划的施行方式、哪个时间会发生哪些事、责任人是谁，以及衡量成功的标准。

活动

可视化你的增长计划

根据确定的行动方案制订增长业务的计划，以利于打造成长业务。

活动概述

说明你推行战略行动方案将采取的路径。制订清楚的计划，指明施行战略方案的方式、什么时间会发生什么事、由谁负责以及成功的衡量标准等。

所需时间

1~2 天

所需材料

马克笔，便利贴，白板，“设计后续步骤”活动会的讨论结果

活动步骤

1. 准备“设计后续步骤”活动的讨论结果。

2. 在白板上画出时间轴。把你的时段写进各栏顶端。我们建议各位使用日历季度进行规划。有一个实用策略，你可以将第一季度分为三个月来规划近期工作，因为大多数团队更注重短期的活动。在时间轴左侧画一栏，准备放入“设计后续步骤”活动拟定的行动方案。在每项行动左侧，列出三个要素，分别是“成本和挑战”“依存度和风险”“评估和报告”。

3. 展开小组讨论，依重要性对增长计划进行优先排序。一旦确定下来，在行动方案一列按顺序写上行动方案。

4. 分两个或三个小组，给每个小组指定一项或两项行动。每组分别根据以下几个考量点来分析：

- 成本和经营方面的挑战；
- 各项行动的依存度和风险；
- 行动方案的评估标准及报告方式。

5. 一旦完成，让每个小组把自己对行动方案的想法贴在白板上的所述栏目中。

6. 各小组介绍完自己的成果后，进行团体讨论，查看并调整每一列中的要点。再进行一次小组讨论，制定每项行动的起点和终点。把每项行动方案日程按照白板上的时间轴贴上。

7. 对所有的白板内容进行拍照，将计划写成一份可以分享的书面文件，收集反馈意见，并定期调整你的战略和执行方向。

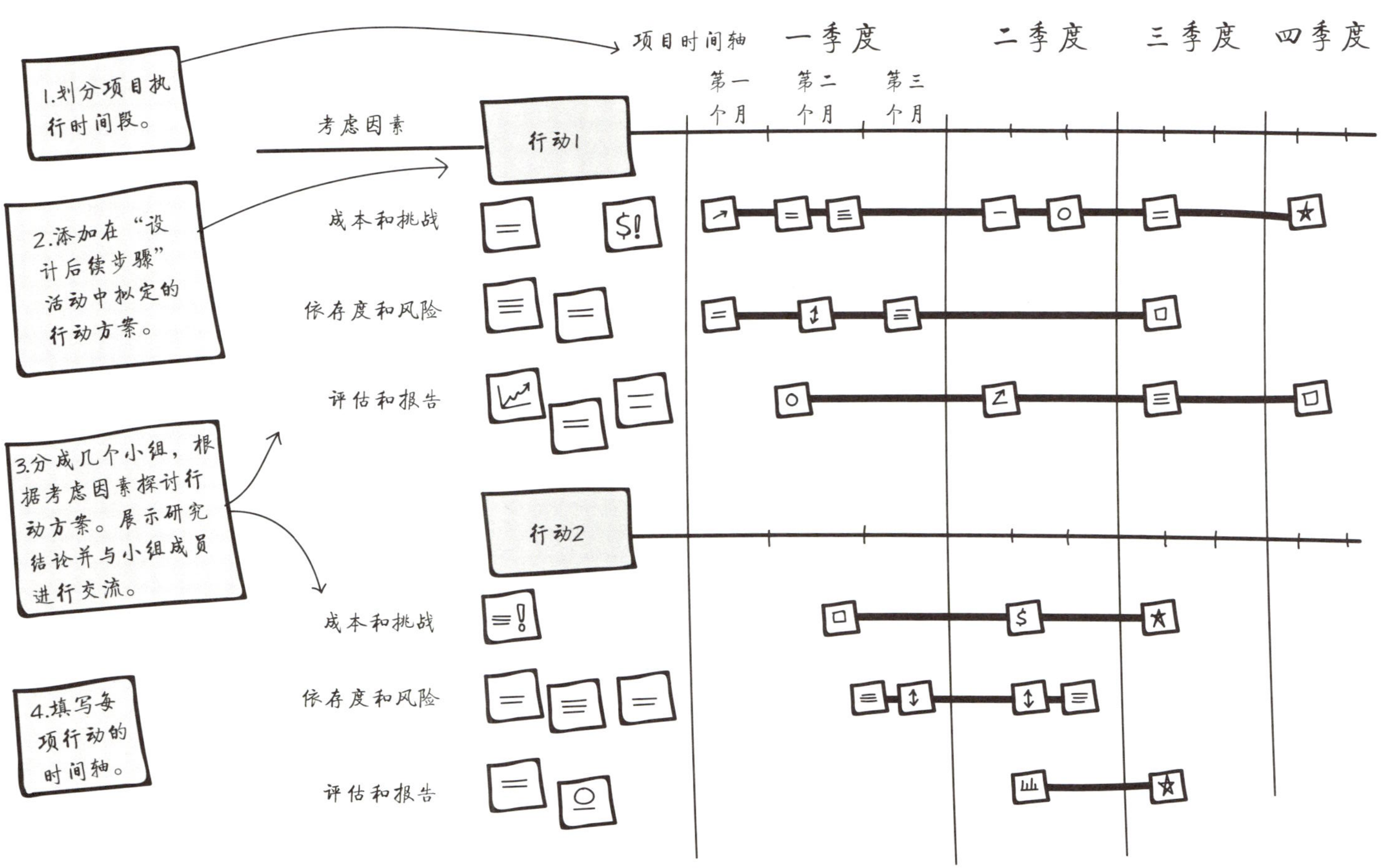
1.划分项目执行时间段。
2.添加在“设计后续步骤”活动中拟定的行动方案。
3.分成几个小组，根据考虑因素探讨行动方案。展示研究结论并与小组成员进行交流。
4.填写每项行动的时间轴。
项目时间轴
一季度
二季度
三季度
四季度
第一个月
第二个月
第三个月
考虑因素
行动1
成本和挑战
依存度和风险
评估和报告
行动2
成本和挑战
依存度和风险
评估和报告

扩散阶段：扩展你的业务

一旦你的战略达到了一定的成熟度，并且效果良好，那就是时候从设计阶段推进到扩展业务阶段，以更大的规模来发展业务。扩展业务意味着充分部署战略，获得更多的客户、拓展到新地区、雇用更多的人员，并投入更多的资产和资源等。你可能还需要成立专门的新组织。

随着你的活动焦点的转移，你遇到的挑战也会发生变化。在制定战略的早期阶段，你会遇到设计难题；在扩散阶段，你会遇到经营方面的挑战。

大处着眼，

小处着手，明智发展。

德里克·范·罗森伯格，可口可乐全球风险投资公司总裁

扩散阶段

经营性挑战

经营性挑战有三种方式：

1. 让新员工和现有员工认识和理解你的新战略；
2. 承诺和支持新战略；
3. 制定以新战略为准的行动方案。

在这个阶段，你不再设计战略，而是采取行动以达成上述三个目标。

我们的研究已经表明，在扩散阶段，组织所运用的主要战略是建立自上而下的部署作业，同时又需要由下到上的合力配合。你的工作尚未完成，因为扩散需要持续关注和不断发展。考虑正式的变革管理计划，以确保扩展成功。

鉴于此，这些组织及其领导者肩负着以下重任：

- 确立会议和沟通机制，以提供自上而下的方针，同时允许新战略和业务问题由基层员工反馈给管理层。
- 视需要调整组织架构和流程，以开展新的战略工作。这包括根据需要聘用和替换人才，以保持发展势头。

启动新的增长型商业冒险

	设计方面的挑战	执行 / 经营方面的挑战
认知	• 设计实用性战略 • 缺乏让战略成功所需的知识	• 让公司上上下下认识和理解新战略和业务
情感	• 对于新战略感到困惑且不熟悉，设计新战略的方式也让人不安	• 激发大家对新战略及业务的热忱与支持
行为	• 如何设计新战略，从何处寻求洞见，如何安排设计活动 • 缺乏设计经验	• 投入执行和经营活动，按照新战略采取行动

扩散阶段

经营性挑战

制定严格的项目管理方法，以追踪和跟进新战略落实和进展的情况。典型活动包括定期举行高管研讨会，以评估战略。例如，哈里斯兰登医院的管理层每六个月举行一次重大战略研讨会，讨论新战略的成效、实施情况，以及出现过哪些需要解决的挑战。

在扩展规模时，你可以采取一些行动应对经营性挑战，提高成功的概率。

确定清晰的角色和职责

确定行动方案的执行发起人十分重要。有些组织会建立一个指导管理小组来监督工作。你的执行发起人或管理小组独立于扩展作业日常活动之外。执行发起人或管理小组的作用是管理这一战略，提出严峻的问题，引导进程并做出关键的决策。

另外，指明负责执行扩展作业的领导团队。你将确定一些可融洽共事和善于协作的人员担任内部资深领导人，由他们负责应对战略挑战和管理调整日常业务。

建设分享、倾听、合作、实验和支持的组织文化

意思是说，利用活动、技术和系统来建立认同感，让员工能够做决策、勇于冒险、坦率分享所学知识和取得的成果。此外，也要让全组上下都看到分享、倾听和合作的状况。你将需要专门的资源和领导力向客户、员工、供应商和其他利益相关者传达信息，并提高他们的参与度。

以全面系统的方法来规划和执行扩展流程

让所有的利益相关者参与其中，包括所有内部员工群，以及外部的客户群、厂商和供应商，进一步设计、评估战略及业务实施的重要方面，并取得反馈意见。

制订计划，定期进行严格审查和调整

细节关乎成败，规模变化的过程起伏不定且不可预测。注意小细节有助于避免大问题。扩大规模时，你将触及业务的各个方面。因此，建议建立一个针对重大组织议题的综合性计划。

创建解决以下议题的清晰的目标和计划：

- 领导力与管理能力。
- 财务、会计和风险管理。
- 运营。前期供应商开发、后期采购管理、制造和物流。
- 客户管理。销售、业务拓展、市场营销、公共关系、思想领导力和合作伙伴关系。
- 法务、监管、安全、社区关系和政府事务。
- 基础设施和组织活动。信息技术、业务流程和管理、数据收集和分析、人力资源开发、知识共享、培训和支持。

以简单明了的方式来跟踪和评估进展

可视化的罗盘图和路线图是其中一种方式，它们让大家都知道你要去哪里，进展如何。用系统方式收集定性（客户和员工访谈时提的意见）和定量资料作为输入内容。你的领导团队可运用其所得洞见做出调整并精进战略。

MASTERING THE ART：BUSINESS DESIGN THINKING

掌握商业设计思维

我们不能用过去制造问题的

思考方式去解决问题。

阿尔伯特·爱因斯坦，理论物理学家和小提琴家

第 5 章

设计和构建一种新增长业务本身就具有挑战性。本书呈现的具体步骤和活动将帮助你克服这些挑战。但正如任何艺术大师所知，卓越不只是知道做什么，还应了解该怎么做。商业设计思维提供了一套基本原则，如果将其与战略创新流程结合的话，将提升你的速度、效率和质量。

什么是商业设计思维

广义而言，商业设计思维是一种以方法为导向的途径，用于解决业务问题及创建业务解决方案。它是一种工作方式，先确定和阐明目标，再通过关注受众（客户、用户、利益相关者等）的需求从而达成工作目标。为了实现目标，必须整合多个部门的团队，利用视觉思维探索并制定战略。在这个过程中，连续迭代（边干边学）让团队能够快速验证构想，并根据它们学到的经验做出调整。商业设计思维在战略创新方面有效，是因为它开辟了新的创造性渠道，使参与者和利益相关者主动参与其中，厘清问题并达成共识，同时加快了产品上市的速度。

商业设计思维的基础

商业设计思维并非新概念。在众多有创造力的思考者的推动下，它已经发展了十多年，贡献包括以下几方面。

1. 霍斯特・里特尔（Horst Rittel）早在 1958 年就开创性地阐明了科学与设计之间的关系。

2. 爱德华・德・波诺（Edward de Bono）在 1967 年率先提出了水平思考。

3. 赫伯特・西蒙（Herbert A. Simon）1969年出版其著作《人工科学》（*The Sciences of the Artificial*）。

4. 唐・科贝格（Don Koberg）和吉姆・巴格诺尔（Jim Bagnall）在 1971 年合著了《宇宙旅游者》（*The Universal Traveler*）一书。

5. 罗伯特・麦金姆（Robert McKim）在 1973 年出版著作《视觉思维的经验》（*Experiences in Visual Thinking*）。

6. 内德・赫尔曼（Ned Herrmann）出版了《创意大脑》（*The Creative Brain*）和《全脑革命图书》（*The Whole Brain® Business Book*）等著作。

7. 布莱恩・劳森（Bryan Lawson）1979 年出版了实证研究著作《设计师如何思考》（*How Designers Think*）和后续设计类书籍。

8. 奈杰尔・克罗斯（Nigel Cross）1982 年发表的开创性期刊文章《设计师的认知方式》（*Designerly Ways of Knowing*）。

9. 爱德华・塔夫特（Edward Tufte）在 1983 年出版其著作《定量信息的视觉显示》（*The Visual Display of Quantitative Information*）。

10. 唐纳德・诺曼（Donald Norman）在 1986 年出版了其著作《用户为中心的系统设计》（*User Centered System Design*）。

11. 彼得・罗（Peter Rowe）1987 年出版了其著作《设计思维》（*Design Thinking*）。

12.1991 年创立 IDEO 的大卫・凯利（David M. Kelley）的作品。

13. 理查德・布坎南（Richard Buchanan）在 1992 年发表了《设计思维中的棘手问题》（*Wicked Problems in Design Thinking*）一文。

14. 理查德・布坎南和维克托・马戈林（Victor Margolin）等 1995 年合著了《发现设计》（*Discovering Design*）一书。

15. 托马斯・洛克伍德（Thomas Lockwood）在 2008 年出版了其著作《建筑设计策略》（*Building Design Strategy*）。

16. 丹・罗姆在 2009 年出版了《餐巾纸的背面》一书。

17. 戴维・格雷（Dave Gray）、逊尼・布朗（Sunni Brown）和詹姆斯・马可努夫（James Macanufo）于 2010 年合著了《游戏风暴》。

18. 亚历山大・奥斯特瓦德和伊夫・皮努尔于 2010 年合著了《商业模式新生代》一书。

流程和方法

多年来，许多设计思维先驱者和实践者都对流程给出了他们自己的解释。我们对于这个过程及其相关原则的大部分思维灵感来自美国商业设计顾问公司 XPLANE 及其他设计思考大师的实践经验。虽然大家对流程命名略有不同，但有一个普遍的共识：过程始于询问和发现阶段，接着进行探究、设计并形成概念。流程结束于提出一个最终的构想或启动项目——取决于预期目标。下页表中并列概述了设计思维领域杰出的大师所提出的一些流程。

设计思维过程

	定义	研究	构想	原型	选择	执行	学习
IDEO	了解状况	观察	构想	迭代		测试	
谷歌创投基金（Google Ventures）	了解状况	定义	形成多种概念	决定 | 原型		验证	
艾里克斯·奥斯本（Alex Osborn）	阐明和确定问题	研究问题	说明挑战；产生构想	组合和评估构想	拟订行动计划	行动（执行构想）	
维贾伊·库马尔	意图	背景脉络	用户	洞见	概念	解决方案	产品

	寻求	想象	制作	规划	构建
比尔·莫格里奇（Bill Moggridge）	限制 | 综合	构想 | 形成概念	展望	选择	可视化 | 制作原型 | 评估

	灵感	构思	执行
巴黎东区大学（Paris-est d. School）	了解状况 | 观察	观点 | 构想 | 原型	测试 | 讲故事 | 试行 | 商业模式 1

商业设计思维的原则

商业设计思维不是严格意义上的流程，而是一种方法。其主要原则与流程有着内在的联系，体现了实践者的思维和行动方式。商业设计思维的五个原则是：

1. 保持以人为本；
2. 视觉思维和讲故事；
3. 合作及共同创造；
4. 通过主动迭代获得发展；
5. 保持整体观。

1 保持以人为本的视角

深刻理解和认同你的客户（或非客户）是商业设计思维的核心。通过观察、接触并沉浸在你的特定受众的行为、需求和思维状态中，你将获得真知灼见，满足他们的需求，从而创造价值。

对许多刚踏入商业设计思维领域的人来说，专注于客户可能显得有违常理，但随后他们会意识到，他们正在寻求解决的问题（或机遇），不是他们自己的，而是客户的。保持以人为本，以“换位思考方式”去发现客户的需求。换句话说，观察并融入客户的环境中，找到一些被忽视的挑战及其他细微却又深深影响客户体验的因素。与客户世界互动并留心观察，你可

以人为本

以看到他们的日常生活，也会看到你的产品带给他们的各种无形又微妙的体验，并从中获得宝贵的洞见。换言之，这能让你发现他们表明的（和未阐明的）的需求。

以人为本思维的最大特色是充满好奇心，渴望去探索客户行为背后的动机，但找出这些洞见并非易事。这些洞见隐藏于数据中，很少被发现。先入为主的观念会充当过滤器，妨碍我们以清晰锐利的眼光进行感同身受的观察，并获得洞见。这就是视觉思维正好派上用场的地方。

文化对成长的影响

采用商业设计思维也会大大影响到成长努力的生命力。开始有证据显示，鼓励员工保持以人为本的企业文化更有可能得到更多的投资回报率。

例如，谷歌提倡人本精神，这正是它们与众不同的特色，同时也是激发创新的关键方法。根据阿妮·斯泰贝（Annika Steiber）的观点，高科技企业管理模式的关键原则之一是，使用重视个人和解放自我创新能力的以人为中心的方法。这一原则是基于一种信念，即人们想要创新，一家公司必须为他们提供他们可以表达自己创造力的环境。

这一观点得到了盖洛普公司一项研究的支持。该项研究表明，敬业员工与非敬业员工比平均为 9.3 ∶ 1 的组织，其每股收益是竞争对手的 147%。这是采用商业设计思维带来的不错的次要结果。

视觉化思维

2 视觉思维和讲故事

以人为本视角让你知道在哪里寻找机遇，视觉思维和讲故事则帮助你发现机遇，并且让机遇变得鲜活起来。视觉思维还可以帮助跟踪和了解高度复杂的问题（如前面提到的客户旅程和商业生态系统）。此外，在此过程中产生的可视化内容可以帮助你传达目前的进度，在组织内部获得源源不断的对你的工作的支持。

戴夫·格雷将视觉化思维描述为“一种组织你的想法，提高你的思考和沟通能力的方式。它是一种传达复杂或可能具有迷惑性信息的好方法。它还涉及使用工具——像笔、纸、索引卡和软件工具，来形象化你的内心思维过程，使它们更清晰、明确和可执行”。

作为一种将本来无形的想法有形化的方法，视觉思维为不同群体分析和探讨的问题（或机遇）提供了强有力的方式。可视化成分可以让你运用比数字和词语更清晰、更易于理解的方式分享这些想法。除了使想法清晰和有助于理解外，将故事（或客户旅程）可视化有助于利益相关者中产生共鸣，加快决策流程——实际上加快了你的成长进程。

这些故事也可用于鼓舞和激励人们采取行动。利用视觉效果，让他人了解你的进度与思维过程（如报告模板），将有助提高组织内部他人对你的支持度。事实上，研究人员在沃顿商学院比较了视觉展示和纯粹的口头介绍，发现使用视觉语言的主持人更易于说服观众。

视觉思维的范围可以从简单的张贴活动延伸到更加复杂的绘图活动，它们都不要求较高的技巧，只要有基础工具和乐于尝试的心即可。虽然很多人不喜欢绘画，但一点坚持（以身作则）和些许实践（像画火柴人一样简单）可以在非常短的时间内产生良好的效果，同时又可开创先例，为团队成员提供长期的典范实践。

合作与共同创造

3 合作与共同创造

无论是员工、合作伙伴还是客户之间，基于团队的合作是所有业务起飞的燃料。它是保持日常工作高效的驱动力，是改进多种业务活动成果的必需品。研究发现，大多数企业高管认为，如果能有效协调产品、功能和地域界线，对成长大有帮助。

设计思维有利于合作与共同创造，因为在一个有吸引力的和高度参与的环境中公开交流思想能加强学习，达成共识，并得到对立者的支持。此外，当具有不同观点和经历的人聚集在一起时，便会产生摩擦，碰撞出个人无法发现或独自完成的创造性成果。

培养思维的多样性也被证明能促进创新，鼓励创造性地解决问题。为什么？不同的文化、背景和个性可激发独特的观点。有些人善于分析，而有些人则在创意区大放异彩。有些人是缜密的规划者，而有些人则喜欢捕捉灵感，即兴发挥。融合不同类型的思想和观点，有助于解决问题，找到点燃创意的解决办法，激发洞见和提高效率。

此外，让团队保持不同的思维方式能够防止产生趋同思维。在服从主流焦点重于一切的团队里；团队往往会做出真正恰当的决定。一个由多样性个体组成的群体中，成员更容易接受新观点。此外，因为他们共同为解决问题努力过，所以成员们自然支持团队提出的想法。因此，不需要跨部门兜售自己的成长观点，观点已经在每个团队和部门内有了拥护者。这些拥护者是获取大家支持和信任至关重要的基柱，多亏了他们才能成功地让众人采取新的成长计划。

主动迭代

4 通过主动迭代获得发展

迭代至关重要。商业设计思维大师设计并通过不断实验发展战略、产品和服务。他们采用循环式思维，而非线性思维。他们从行动着手，在每个成长计划阶段从经验和结果中学习。所得结果推动进一步修改战略，甚至产生新的功能。采取这种思维的人具有领导风范，愿意探讨各种可能性。

乐意接受主动迭代是商业设计思维的基本原则。阿利斯泰尔·科伯恩（Alistair Cockburn）将其描述为“通过完成来学习（learning by completing）”。主动迭代的基本思想是，直到你真正构建出你设计的东西时，你才能完全理解它。

运用主动迭代有以下几方面裨益：

- **速度**。主动迭代，可以尽快确定初始条件和计划。你可以快速创建前提和假设，以满足用户的需求，然后开发原型来测试和收集反馈意见，以目标使用者的重要价值为行动依据。此外，可以缩短长远规划的时间，你可以专注于发现和解决使用者待完成的工作。
- **清晰度**。实验工作可消除混沌不清，因为每个循环都使情况更加明了，而且它的代价更小、费时更少。主动迭代可以让你将一个复杂的问题分解成更小的、可测试的部分，从而减少困惑并更快地找到答案。
- **快速改进**。在迭代循环中的每个反应周期，你可以重新评估使用者获得的重要价值，并确定什么样的变化重要，哪些方面没有成功。主动迭代循环让你能快速应对市场和环境的变化。冗长又必须耗费大量资源的方法用起来不但进展缓慢，而且不太灵活。

整体观

5 保持整体观

拥有整体观的人心系大局，能看清自我、群体和将有利环境转化为解决问题的更大生态系统这三者之间的联系。当你与一个复杂的问题搏斗时，请用系统观点来分析，可以帮助你抓出互动点并看到它们与其他程序之间的关联性。仔细推敲一个开放系统中所有元素之间的关联性，你就能从有利的位置发现机遇并加以利用。保持开放的态度，别急于做判断，拥有乐观的心态是系统思维者的特质。

如前所述，发现机遇的方法之一是绘制你的生态系统图。这样做的目的是给你提供一个有利的位置，让你从中发现利益相关者、流程和可交付成果之间的联结点和依存关系。从小团体到整个全球业务，你可以用这种方法来绘制任何规模的系统和过程。

运用全面性的系统观进行宏观思考，有利于你从关系网络中找出各种模式，认清你的系统各环节之间的价值。你也会逐渐发现系统内部各个要素之间是如何协调和彼此相关的。简言之，将组织看作一个由相互关联的流程组成的动态开放系统，可以让你更好地了解环境，进而改善组织人员的共同合作方式。

启发案例

甲骨文：通过合作与共同创造来创新

如何在组织内建立一个共创的协同系统并将其制度化呢？

2014年，甲骨文推出了“红色任务”（Mission Red）。这是一个探索、分享及激发创意构想的计划，专属于欧洲、中东和非洲且以这些区域为主。目的是将这些理念转化为创新，为客户创造价值，带动甲骨文业务（包括其雇员、社区和生态系统）的发展。

虽然许多企业的创新计划力求鼓励创新，但红色任务肯定了甲骨文人的创造力，为他们提供了一个具体的流程，让他们的创意能够得到认可、开发与实现。

红色使命的目标是：

1. 系统地推动创新理念的认可和落实。
2. 鼓励有需要的团队运用规模和复杂性不一的创新构想。
3. 增加整个企业分享理念、合作和建立最佳实践的速度和能见度。
4. 红色任务围绕以下三个核心驱动因素构建。这些驱动因素就像透镜一样评估员工提出的特定创意构想。

（1）**创新**：敢于思考，坚持创新，验证假设，付诸实践；

（2）**合作**：携手共进，建立团队，运用最佳技能，确定最佳实践，取得进步；

（3）**加速**：行动敏捷，定期验证想法，评估效果，并认可成就。

红色任务的核心是创新方法，分为五个阶段，明确定义了想法如何从初始概念演变为最终可付诸实践的创新，同时也凸显了在创新过程中所需要的人的多样性。

1. **创建**。想法可以随时随地产生。红色任务鼓励所有员工找到自己的灵感，无论何时何地，只要想法一出现，就写下它。
2. **分享**。想法需要分享，借助他人的技能和经验来改进、验证，并利用甲骨文团队的流程和专家来精进创意构想。
3. **决定**。最终必须做出一个决定。允许不同规模的管理团队检讨任何建议者的想法，投入资源支持它们，实现商业价值。
4. **应用**。有了明确的管理和指定的资源，项目团队就能发挥功能，将一个想法的感知价值变成创新措施，并验证其有效性，评估价值的大小，使构想变成真正的创新。
5. **完成**。实现创新后，甲骨文会庆祝成功，表彰全程参与的个人，与大家分享，以便在相关业务的环节上也能再现此经验。

红色任务的创新方法得到了云端工具“创新引擎”（Innavation Engine）的支持。创新引擎有多项功能，包括发展和分享创新构思、在社交工具内共同精炼构想、公开管理项目使贡献者和专家都可参与其中，以及公开表扬创新战士。

推出 18 个月后，超过 2 万人使用了创新引擎，产生了 1000 多个新构想、100 个项目和 30 项完成的创新之举。

启发案例

ExactTarget：运用视觉思维和讲故事的方式发现机遇

在2013年10月被Salesforce收购之前，ExactTarget是一家软件即服务营销自动化应用程序开发商，当时，是史上最大的软件即服务收购项目。

ExactTarget所遗留精神的一部分，是其对于合作伙伴的热忱投入。2011年，它在全球拥有450多个合作伙伴。公司面临的长期挑战之一就是，如何在其商业模式最关键的一些议题和需求上达成共识。

ExactTarget希望拓展其市场份额，维持该公司连续11年两位数的增长速度。为了帮助实现这一目标，渠道副总裁吉姆·克雷勒（Jim Kreller）与合作伙伴计划兼运营总监汤姆·威廉姆斯（Tom Williams）采取了大胆的方法邀请合作伙伴参与该公司的年度全球合作伙伴峰会。

与战略设计咨询公司XPLANE合作，让来自全球、代表数十家合作伙伴的300名人士齐聚一堂，让他们为ExactTarget成为业界领先的合作组织提供解决方案。ExactTarget和XPLANE设计了一种众包方法，利用所有合作伙伴代表的参与来应对这些挑战。这些合作伙伴被分到六个独立的房间里商议，每个房间安排五张桌子，每桌八名代表。

每张桌子的代表都会拿到一项挑战项目，进行四个小时的集体讨论。这些挑战由该公司与合作伙伴往来时面临的一些最大的障碍组成。例如，“如果你的预算有限，人员有限，你想从合作伙伴获得的最高水平的支持（例如，营销、销售、技术、服务等）是什么？”其他类型的挑战涉及定价、报价、授权、市场发展基金、计划津贴和盈利模式。

依照难度系数和对 ExactTarget 业务的影响程度来选择挑战。每桌代表花费时间构想、讨论和协商各自的解决方案，然后选出一名发言人向在场的其他人介绍结果。最好的解决方案由参与的伙伴投票决定，然后提交给 ExactTarget 合作伙伴咨询委员会，委员会由这家公司的几家最重要的战略合作伙伴企业的各级管理人员和负责人组成。

这个过程讲究密切合作，要用富有创意的共同创造方法来发展构想。合作伙伴不但投入、活跃、热情、充满激情，而且在某些情况下，非常善于表达情感。

ExactTarget 获得的成果是惊人的。头脑风暴产生了解决方案的蓝图，解决了那些普遍存在却苦无良方解决的问题。短短四个小时，他们便提出了一系列非常有创意的想法，得到了合作伙伴的一致认可并通过验证，又得到了一大群有影响力的合作伙伴的支持。

一种新的工作方式

商业设计思维并不适用于每一家公司或每一个员工。为了有效地实现商业设计思维，需要改变个人和公司文化的思维定式。许多企业由于各种各样的原因奋力进行变革和创新；有些企业则更习惯于严格遵守流程；有些企业可能具有刻板的组织职能和运作形式；有些企业可能会坚持遵守严格的规定，与疏远其员工的客户和利益相关者进行沟通和互动。在这些情况下，实行商业设计思维的做法将十分困难。

我们相信任何人都可以成为商业设计思考者。但并不是每个人都能对随之而来的模糊性应付自如或接受共同创造的要求。运用商业设计思维时，感到沮丧、不舒服、迷失是很常见的，有的人有时甚至会感到不满。这是因为改变自己的工作方式不是一两天的事。越了解自己的企业文化和团队能力，你就越有可能会成功采用新的工作方式。从小处着手，每次只为自己的成长团队介绍一种做法，并率先垂范。无论任何改变，都需要花时间慢慢成为习惯，但如果你作为一个团队，并能从经验中学习，就会很快开始看到这样做的好处。

我们的研究和经验表明，商业设计思维工作方式使员工能够用自己的判断做出正确决策，在同事间建立起信任和尊重，又能使他们发挥出创造力和主动性。这种内部变化对客户的影响可能会有所不同，但在提高产品质量以达到更一致的品牌体验上，几乎全部是积极的影响。

启发案例

微软：为新的成长变革

作为一家公司，我们支持深入了解客户的需求，把理解转化为人们喜爱的产品，并最终变成客户使用产品时的成就感。最后一点才是我们的主要动机。我们激励整个微软团队用最好的创意尽力创造人们喜欢的产品，并坚守我们的使命，帮助世界上所有的人和所有的企业取得更多的成就。我们也看到了这种积极影响。

萨蒂亚·纳德拉，微软公司总裁

2014年，当萨蒂亚·纳德拉成为微软公司的总裁时，他面临着一个艰巨的挑战。公司自1975年成立以来，一直销售套装软件，是20世纪八九十年代高科技产业的王者。但是当纳德拉接过帅位后，人们曾一度怀疑微软公司是否能够恢复它在创新和创造力方面的声誉。一些业内权威人士称，微软公司的辉煌已经一去不复返。虽然微软公司连续多年收入丰厚——年收入数十亿美元，并以分红方式向股东返还利润，但在全球个人电脑市场中，其核心业务却不断衰退。

纳德拉和他的领导团队面临的问题是：如何再次重振业务，成为科技领域的领袖。“我们不得不确定，未来微软仍然会是一家能在激烈竞争中生存和具有影响力的公司吗？”微软企业兼云端事业部副总裁鲍勃·凯利（Bob Kelly）说。显然，仅采取传统战略措施努力扩大现有的核心业务和产品，肯定是不够的。

守旧派模式

微软公司以往针对公司产品、商业模式和盈利模式所做的战略整合充分生效，并获得了巨大的利润。它用一到两年的时间建立了数种版本的软件程序，直接发给消费者，并通过独立软件供应商组织（ISVs）的合作伙伴发行。

然而，随着市场迅速从套装软件转向云端服务，这家高科技公司并未快速转变业务。面对节约成本的巨大压力，过去购买套装软件解决方案的 IT 部门开始评估软件即服务和云计算软件解决方案，并决定取代或增强其套装软件解决方案。

虽然早在 2008 年它们就告诉世界，未来云计算乃大势所趋，但微软股价却暗示它们没有抓住最初两次大的市场机遇：（1）消费者和企业渴望使用应用程序、享有更强的行动力；（2）非常需要在云端使用软件即服务执行所有的活动。

新机遇的到来

有些东西很明显必须改变。微软公司的员工和领导者都知道这一点。“机遇仍然存在。我们不重视市场，没有充分利用新的市场机遇。虽然我们并没有完全错过它，但我们行动太迟了。”凯利说。

我们发现，微软公司运用了许多战略创新和商业设计思维来“调转船头”。微软公司精心设计了一套独特的策略，以彻底改变公司局势，它们专注于满足注重行动力和云计算的爆发性市场的用户需求，开发新的产品，改变公司的业务经营方式，改变公司与合作伙伴生态系统的合作方式，并调整企业文化转型方向。一起来看看微软公司采取的一些行动。

启发案例

改变产品吗？其实，一切东西都要翻新

虽然微软公司早在 2008 年就开始规划和建设云产品及服务了，如 Azure 云计算平台与服务，但企业的发展临界点是在 2011 年，当时纳德拉写了内部人士无不知晓的“云端至上”的备忘录，其中明确了云和企业事业部及微软公司的新路径。他说，云计算不只是很重要，而是一切都要以云端为优先。那份备忘录拉开了大规模投资转移、组织和文化变革，以及商业模式重大改造的序幕。“移动优先，云端至上”就是微软公司战略的世界新秩序和焦点。

微软公司正处于自身巨大的变革之中，目标是成为生产力和平台公司，建设“移动优先，云端至上”的世界。作为公司的核心业务，微软公司正在从销售套装软件转向订阅销售服务。这是一个可能要经历几年时间的漫长旅程，但微软公司不仅致力于此，还在许多方面取得了飞速的进步。

商业模式

为了进一步实现转型，微软公司必须以一种新的方式看待客户和行业，选择合作和共同发展，而不是简单地靠软件收取费用。

微软公司不再收取年度维护和更新费用。相反，作为其盈利模式转变的一部分，微软采取月租费分层订阅，订阅客户可以注册，无须签订昂贵的长期合同，可自由选择使用期限。

分配模式已经明显变为以数字化和云端为主，这意味着每一样产品服务的价格点也发生了变化。客户可从多个不同的来源少量购买。软件的民主化是一个持续的趋势，它迫使客户和卖家处于一种“熊抱”的关系。微软公司的转型甚至比其他公司更加复杂，因为微软公司的产品系列几乎触及企业和个人计算的方方面面。

转变商业模式的一个主要益处是消除了消费障碍，提供了更好的客户体验，从而为客户创造出更多的价值。客户再也不需要投资于昂贵的硬件和服务器，不需要支付服务器的安装和维护费用，不需要购买微软办公软件、邮件系统或网络平台。基于云的新产品让客户应用变得更容易，客户不必花钱、无须费神去安装和配置自己企业的服务器。

商业模式还转向与客户合作，用实验方式找到问题解决方案。现在，客户变成了合作者，以小型、迭代和基于假设的方式参与微软公司的工作。微软公司改变了对商业伙伴关系的看法，从重视交易关系转为强调合作关系。在纳德拉的领导下，合作伙伴关系现在被视为通往创新和挖掘共同价值的大门——即便可能与竞争对手建立合作关系。

盈利模式

微软公司的企业销售团队改变了他们的盈利模式。他们一直被训练要完成大量销售交易。一位业务员 3000 万美元年销售定额的情况并不少见。在新的云世界，销售策略不得不转为“落地生根”的销售方式。最初的交易金额可能会低至 25 000 美元，销售团队真是欲哭无泪，“我如何能成任务啊？！”现有的商业模式并没有让他们取得成功。所以，必须改变看待和评估成功的方式。

启发案例

产品开发模式

微软产品的另一个转变体现了产品的开发模式和流程，以及支持它的文化。微软公司以基于假设的工程见长，这是迭代行动商业设计思维原则一个很好的例子。运用敏捷方法，微软工程团队将他们的软件开发方法转变为现代“开发运行法”，他们基于假设工程，而不是缓慢、烦琐和昂贵的陈旧“瀑布”法。“在云计算的世界里，必须持续不断地交付成果，基于假设的工程改变了软件开发、设计和交付的方式。它改变了你的一切业务，包括产品、产品开发、客户生态系统、销售、交易性质、服务和支持。”凯利说。

企业现在运营的基于假设的工程是新开发流程的精髓。微软现在的业务依靠六大支柱：

1. 转换数据中心（云化——将 Azure 作为你的网络上的一个节点）。

2. 通过企业移动套件将终端用户的体验行动化。

3. 能够应用现代软件开发（一种用云来构建应用程序的新方法，有日程构建应用程序，使用云服务容器）。

4. 从数据中深入了解——我该怎么做？

我如何通过数据推动业务？数据是新的平台——在语音搜索上下注——以新的方式与数据进行互动；开发用你的声音进行搜索的能力。

5. 现代开发人员工具使用——从桌面工具箱转移到在云中进行设计、构建、部署和运行。

6. “物联网”——到 2020 年，将拥有 700 亿台智能联网设备。利用这种智能设备和云来管理数据，获得商业洞见。

整个生态系统创造价值

微软公司还重新设计了其生态系统模式以及所有固有的交互关系。微软公司曾被看作保护自己的生态系统并渴望粉碎竞争对手的公司，而如今，哪怕是最坚定的对手也可以被微软视为朋友。例如，在过去的一年中，微软与 Salesforce、Red Hat、

Dropbox 及其他被视为竞争对手的公司进行了合作。

基于假设的工程模式也使微软公司变得更为敏捷，这证明它们能够快速开发、合作和部署共同创建的应用程序和服务。微软公司不是简单地提供软件，而是与客户和合作伙伴共同设计软件并对其进行迭代，快速发展，为客户带来更多的价值。

微软公司曾经被看作一头笨重的巨兽。现在，微软公司一直在努力变得更加灵活，就像一名短跑运动员在跑一场马拉松。凯利说，这些动作让初创公司直呼：“不知道你是怎么做到这么快回来的，你比我还快！”对于一些新的价值创造，凯利归因于微软公司采用的“成长心态”——由斯坦福大学的心理学家卡罗尔·德韦克（Carol Dweck）开创的哲学，鼓励初创公司乐于接受的学习文化和风险承担氛围。

一种新的商业设计思维心态

除了战略、商业模式、盈利模式和产品开发模式的变化，微软公司也在大力革新公司文化。微软公司改变了员工工作的节奏和流程，以及他们的焦点和行为。如今，在基础牢固的现实主义精神下，工作人员和领导者正在采取一个对市场更“谦逊的办法”。微软公司已经将它们对于切合潮流的重视深植于公司的文化中。

纳德拉延续了前任总裁史蒂夫·鲍尔默（Steve Ballmer）开始的实践，给他的高级领导团队（SLT）设定了周会议事节奏。每周用一整天开一次会，以便高级领导团队一起坐下来，检讨一个重要的战略问题或一个特定的当前话题。基本原则是一切透明、开诚布公和相互尊重。每个星期，由高级领导团队中的某个人担任会议“督察”强制执行这种行为。这种会议结构有助于打破公司内部的局限。

为激发灵感和培养积极的工作作风，每次周会由精彩时刻开场，“精彩时刻”用来描述团队中某个人受启发的行为或行动。理想的结果是要营造一种氛围，让歌颂先进成为企业文化的一部分。

启发案例

公司员工的精神面貌也在发生变化。公司每年开展一次员工大调查，以摸清员工如何看待他们的工作和岗位。以前，最基本的问题是："我相信微软公司正在为长期成功做出正确的选择。"现在投票提问的回应率处于历史高位（过去八年每年测量），高于之前年平均数 17 个百分点。公司的目标是为员工提供价值，让他们的工作变得有意义，感受到自己每天都在创造财富。它们希望每个人都充满激情。

在微软公司，一项有意思的人才创新被称作"魔球"，这是用于入职工程师的一个新程序。我们将该程序看作相互作用的商业设计思维的好例子。新员工知道他们的工作总是从一个假设开始。然后，他们出去并进行测试、学习、调整，然后再尝试。这个过程是一种全新的思维方法。公司甚至还让新员工"出走"，到不同的地区去观察、学习以及练习魔球的假设行动方法。

结果如何？企业行动化管理方案团队提供了微软有史以来增长最快的企业产品。

微软现在何处

虽然转型尚未结束，战略创新对公司的产品、商业模式、盈利模式、客户体验、资源和资产运作的改变，都产生了巨大的影响。不能忽视的是员工心态和工作方式的改变，让所有员工专注于为微软的客户交付前景和价值。

在标准普尔 500 的表现一向不理想的微软公司，自纳德拉先生任职以来，到 2015 年年末已连续 52 周屡创新高，涨幅几乎达 20%，主要是商业云端业务这个强项的功劳。

纳德拉和他的领导团队正投身两个重要的里程碑工作，在 2018 财年达到 10 亿台 Windows10 设备，实现云业务 200 亿美元的年度营收运转率。微软公司已经在这两个方面同时取得了重大进步。同时，公司还开展了一项雄心勃勃的计划，以第一台完全不受限制的全息电脑 HoloLens 开发新产品，以平板电脑系列 Surface 取代笔记本电脑，也得到来自采用新技术的开发商、消费者和企业的一致好评。

我们的行业不尊重传统，

只尊重创新。

萨蒂亚・纳德拉，微软公司总裁

千里之行，始于足下。

这是我们的旅程。本书介绍了一系列观念，从传统战略规划到新型的战略创新，为大家勾勒出寻觅成长机遇的新路径。你已经了解了如何利用客户导向构思自己的战略，设计产品、商业模式和盈利模式。最后，你也知道了如何建立自己的新增长业务，为客户、企业和生态系统创造价值。

这些观念本身就与基于商业设计思维原则的新工作方式相关联，讲究严谨的流程，要求你边做边想，不断迭代，同时还要逐步精进你的成长战略，直到最后成功推动新业务。

这是一趟旅程，一趟连续迭代的旅程。开始吧！

作者介绍

马克·斯纽卡斯

businessmodelgallery.com 商业模式库共同创始人，杜雅克企业发展公司合伙人。曼彻斯特大学工商管理博士，曾在萨尔斯堡大学商学院进修培训与组织发展课程。蓝海战略认证策划师，受过团体动力与过程辅导方面的大量训练。

他长期从事战略创新主题研究，是战略创新专家，为全球500强公司提供顾客咨询和培训服务。

帕克尔·李

科技、娱乐和体育营销行业专家，Compass52 公司总裁。自 20 世纪 70 年代起，一直积极为企业组织设计发展战略，帮助企业改善业绩。曾与许多国际客户合作过，包括思科公司、微软公司、英国石油公司、壳牌公司、英特尔公司、耐克公司、洲际酒店集团等。主持过许多研讨会，多次主办重大活动，为设计顾问公司提供咨询服务。

马特·莫拉斯基

获奖创意总监、商业设计顾问和视觉思维专家，活跃于商界和创意界。他将 15 年的设计思维经验结合到解决问题的实践中，将全球客户，包括美国运通公司、英国电信公司、可口可乐公司、爱思唯尔公司、英特尔公司等面临的复杂挑战化繁为简。

制订发起了一项设计师培训计划，讲授为期数周的开放课程，向高级设计师和问题解决者介绍视觉思维和设计思维。

在美国西北部地区多所设计学院进行教学工作，担任讲座嘉宾。在欧洲和美国各地举行过多次视觉思维研讨会，也在密歇根大学罗斯商学院、罗马互动新领域大会和俄勒冈市场调查协会向听众介绍视觉思维。

The Art of Opportunity: How to Build Growth and Ventures Through Strategic Innovation and Visual Thinking.

ISBN: 978-1-119-15158-6.

图书在版编目（CIP）数据

机遇变现：发现下一波商业创新模式 /（美）马克·斯纽卡斯（Marc Sniukas），（美）帕克尔·李（Parker Lee），（美）马特·莫拉斯基（Matt Morasky）著；郑雷，杜军译 .— 北京：中国人民大学出版社，2018.11

书名原文：The Art of Opportunity：How to Build Growth and Ventures Through Strategic Innovation and Visual Thinking

ISBN 978-7-300-26150-8

Ⅰ．①机… Ⅱ．①马… ②帕… ③马… ④郑… ⑤杜 Ⅲ．①企业管理—创造性思维 Ⅳ．① F270

中国版本图书馆 CIP 数据核字（2018）第 194067 号

机遇变现：发现下一波商业创新模式

马克·斯纽卡斯
［美］帕克尔·李　著
马特·莫拉斯基
郑　雷　杜　军　译

Jiyu Bianxian：Faxian Xiayibo Shangye Chuangxin Moshi

出版发行	中国人民大学出版社		
社　址	北京中关村大街 31 号	邮政编码	100080
电　话	010-62511242（总编室）		010-62511770（质管部）
	010-82501766（邮购部）		010-62514148（门市部）
	010-62515195（发行公司）		010-62515275（盗版举报）
网　址	http：//www.crup.com.cn		
	http：//www.ttrnet.com（人大教研网）		
经　销	新华书店		
印　刷	天津中印联印务有限公司		
规　格	240mm×190mm　16 开本	版　次	2018 年 11 月第 1 版
印　张	17.25　插页 2	印　次	2019 年 8 月第 2 次印刷
字　数	240 000	定　价	99.00 元